本书是浙江省教育厅2014年度省高校重大人文社科项目攻关计划青年重点项目“21世纪海上丝绸之路背景下浙江省港口参与国际港口联盟建设问题研究”（项目编号：2014QN038）的研究成果

21世纪海上丝绸之路背景下浙江省港口参与国际港口联盟建设问题研究

杨建国　著

海洋出版社

2018年·北京

图书在版编目(CIP)数据

21世纪海上丝绸之路背景下浙江省港口参与国际港口联盟建设问题研究 / 杨建国著. —北京：海洋出版社，2018.6

ISBN 978-7-5210-0122-8

Ⅰ.①2… Ⅱ.①杨… Ⅲ.①港口经济-国际合作-经济合作-研究-浙江 Ⅳ.①F552.755

中国版本图书馆CIP数据核字(2018)第127602号

责任编辑：安 淼 侯雪景
责任印制：赵麟苏

海洋出版社 出版发行

http://www.oceanpress.com.cn

北京市海淀区大慧寺路8号 邮编：100081

北京朝阳印刷厂有限责任公司印刷 新华书店经销

2018年6月第1版 2018年6月北京第1次印刷

开本：880 mm×1230 mm 1/32 印张：5.5

字数：119千字 定价：38.00元

发行部：62132549 邮购部：68038093

总编室：62114335 编辑室：62100038

前　言

我国古代的盛世，无一不和开放紧密相连。在我国古代的对外交流和对外贸易过程中，丝绸之路的地位不言而喻。浙江地区自古以来就有着纺织业、瓷器等方面的产业基础，加之发达的港口、航运优势，在古代丝绸之路尤其是在古代海上丝绸之路发展过程中的地位举足轻重。光阴轮回，中华民族将迎来又一个新的盛世，而浙江再次以雄厚的工业经济基础，加之国际大港、科技创新和金融等优势，再次屹立在“一带一路”倡议的风口浪尖。

习近平总书记在党的十九大报告中明确指出要以“一带一路”建设为重点，推动形成全面开放新格局。这是对国内国际形势统筹考虑作出的重大战略部署，是我国实施新一轮全方位对外开放、实现中华民族伟大复兴的重大战略决策，是促进世界经济繁荣和全球治理的新理念、新思维，意义重大而深远。从国际上看，经济的全球化形成了世界市场，但是市场失灵的问题无法回避。当今的世界市场由发达国家主导，单纯依靠世界市场机制，会出现很多无法解决的问题。比如发达国家与发展中国家差距拉大，发达国家的经济政策损害发展中国家的利益等。而另一方面，为国际社会提供资源、服务、规则制定的全球性公共产品供给不足，缺少解决问题的有效机制。从国内来看，正如十九大报告所说，“一带一路”倡议的提出，有利于我国“形成陆海内外联动、东西双向互济的开放格局”；也可以为化解过剩产能提供广阔战略空间，有利于促进东部沿海地区的产业转移与升级，也有利于增强中西部地区经济发展的活力和动力，是我国东中西区域协同发展的需要。

“21 世纪海上丝绸之路”是“一带一路”倡议的重要组成部分，是习近平总书记于 2013 年 10 月访问东盟国家时提出来的构想。“21 世纪海上丝绸之路”可看成是我国“21 世纪海上发展之路”，也是我国改革开放的新起点、新平台。就海洋时代来说，世界步入“海洋世纪”已经 10 余年，但在“21 世纪海上丝绸之路”之前，我国尚未形成足以影响世界的清晰和具体的海洋战略构想。其中尤其缺少有世界影响力的贸易平台。可以说，作为“一带一路”的开放战略构想的子路径之一，“21 世纪海上丝绸之路”为我国未来若干年的海洋战略构想指明了具体路径，具有重大的现实意义。

浙江是我国经济最具活力、开放程度最高和创新能力最强的区域之一。改革开放近 40 年来，浙江经济持续快速增长，成为我国最重要的制造业基地，为我国成为“世界工厂”贡献了重要力量，其制造业产业链体系完整，技术力量雄厚，劳动生产率高，综合配套能力强，产品在国际国内市场上竞争力强。作为我国开放型经济发达的地区，浙江是“一带一路”倡议实施的主要货源地和主要消费市场之一；作为我国对外开放条件优越的地区，当前，杭州电子商务发展方兴未艾，正在建设国家级跨境电子商务综合试验区；作为全球第一大港的宁波 – 舟山港，正以宁波为核心，打造“一带一路”综合试验区。在港口联盟建设方面，浙江整合全省港口资源，成立浙江省海港投资运营集团有限公司（以下简称“省海港集团”），在港口联盟建设方面迈出实质性步伐。可以说，浙江在“一带一路”尤其是“21 世纪海上丝绸之路”倡议中的地位和作用是至关重要的，事关“一带一路”倡议发展全局。同时，“一带一路”倡议确立的向东向西双向开放的新理念，也有助于浙江对外开放的质量、能级的进一步提升。

目　录

第一章　海上丝绸之路发展简史

海上丝绸之路是古代人类社会向海洋进军的主要标志，是古代东西方经济、文化交流的海上通道。自汉代开通至今两千多年来，这条通道一直在东西方经济文化交流中发挥重要作用。

首先，作为东西方国际贸易的物流通道，在一定程度上为东西方古代物质文明的交流做出重要贡献。在古代中国的海外贸易中，我国出口的优势商品主要有丝绸、陶瓷（唐代以后）、茶叶（明代以后）；进口商品则主要有来自海上丝绸之路沿线各国的土特产、棉毛织品、皮毛、钟表、金属以及诸多奢侈品，如香料、宝石、琉璃等。通过东西方经贸往来，物质文明得以互补、分享，从经济学角度来说，国际贸易也势必促进了当时东西方社会经济的增长。

其次，作为东西方国际交往的重要通道，“海上丝绸之路”是古代中国拓展、维系、巩固对外友好关系的重要渠道。古代中国尤其是如唐代、宋代等鼎盛时期，形成“四方来贺、八方来朝”的局面，“海上丝绸之路”沿线国家也纷纷派遣使节来中国，从唐代开始，历代统治者在开放港口设立接待外国使节的馆驿、设置主管海路外贸邦交的专门机构（如市舶使），此外，沿海地区的地方官也往往负有主管海外贸易及外交事务处理的责任。这些举措，对古代东西方国际交往做出了不可磨灭的历史贡献。

第三，作为东西方文化交流的重要通道，“海上丝绸之路”是中国文明与世界文明互相影响、互相交流的重要渠道。《中国：发明与发现的国度》[1] 一书认为：“中国文献清楚地向我们展示了一个又一个不平凡的发明和发现，考古证据或绘画实物证实中国的发明与发现比欧洲的或照搬采用的发明或发现一般往往领先很长一段时间。无论是二项式系数排列，还是旋转运动与直线运动相互转移的方法，或是第一台时钟中的擒纵装置，或韧性铸铁犁铧，或植物学与土壤学的开创，或皮肤与内脏的关系，或天花痘苗接种的发现——不管你探究哪一项，中国总是一个接一个地居世界第一位。”而海上丝绸之路不光是中国古代诸多科学、文化艺术成果传播到海外的重要通道，还带来了沿线各国的科学、文化艺术成果，包括医药、历算、天文、绘画、音乐、舞蹈、雕塑和建筑等领域，形成了中国文明影响世界、世界文明传入中国的良好局面，对古代中西方社会进步起到深远影响。

概而言之，海上丝绸之路是古代中西方物质文明互通有无的“商贸之路”、古代中西方国家间友好往来的“和平对话之路”和古代中西方文明交流的“文化交流之路”。

1 ［美］罗伯特·K. G. 坦普尔：《中国：发明与发现的国度》，北京：21 世纪出版社，1995 年。该书资料主要源自中国科学院外籍院士、英国皇家学会会员、著名生物化学家和科技史家李约瑟博士的《中国科学技术史》。

第一节　古代海上丝绸之路的发展简史

在研究21世纪海上丝绸之路之前，有必要回顾一下我国古代海上丝绸之路的发展简史，以史为鉴，传承丝路文明。

古代海上丝绸之路作为“商贸之路”“和平对话之路”和“文化交流之路”，是东洋航线、南洋航线、西洋航线以及北美航线等航线的总称。笔者认为，古代海上丝绸之路萌芽于秦代及以前，形成于汉代，发展于三国至唐代，鼎盛于宋代至明初，式微于明中期至清代。

一、概念的提出

（一）丝绸之路概念的提出

德国学者费迪南·冯·李希霍芬于1877年最早提出“丝绸之路”（德文词汇：Die Seidenstrasse）的概念[1]，他认为“从公元前114年到公元127年，中国与河间地区以及中国与印度之间，以丝绸贸易为媒介的丝绸之路这条西域交通路线”即丝绸之路。

对于这一界定，笔者认为，其贡献主要是明确提出了“丝绸之路”这一概念，但是其对中国古代丝绸之路的时间、空间上的

1　［德］李希霍芬：《李希霍芬中国旅行日记》（第1卷），蒂森整理，李岩、王彦会译，北京：商务印书馆，2016年。转引自《丝绸之路》，中新网，http：//www.chinanews.com/hwjy/2013/11－06/5471748.shtml。

界定，则明显失于狭隘。本书研究重点并非考古，对此不需赘述。1910年，德国历史学家赫尔曼（Albert Herrmann）认为“我们应该把这个名称的涵义进而延伸到通往遥远西方的叙利亚的道路上”[1]，并加以宣扬，“丝绸之路”这一概念逐渐为世人熟知。随后，东西方考古发现逐渐拓宽了人们对丝绸之路的时间、空间的认知。

从时间上来说，学者们大都以考古发现为据，将丝绸之路发端时间逐渐向前推移。有学者将丝绸之路起源的时间向前推到了旧石器时代，如刘东生所说的“黄土石器工业”[2] 以及侯亚梅“建议将这条在史前时期曾经长长地将东西方连接到一起的路称为‘石器之路’”[3]。

从空间上来说，狭义的丝绸之路仅指陆上丝绸之路，广义的丝绸之路包括陆上丝绸之路和海上丝绸之路。一般认为，古代陆上丝绸之路包括三条路线：沙漠之路（绿洲之路），即中原→河西走廊→中亚→西方；草原之路，即中原→蒙古高原→西方；西南丝绸之路，即中国西南→印度、中亚（图1－1）。古代海上丝绸之路包括：东洋航线，即沿海港口→朝鲜、日本；南洋航线，即沿海港口→东南亚；西洋航线，即沿海港口→南亚、阿拉伯、东非沿海（图1－2）。

---

1 ［德］赫尔曼：《中国和叙利亚之间的古代丝绸之路》，天津：天津出版社，1941年。

2 刘东生“黄土旧石器工业”一语参阅徐钦琦等：《史前考古学新进展——庆贺贾兰坡院士九十华诞国际学术讨论会论文集》，北京：科学出版社，1999年，第52－62页。

3 侯亚梅：《水洞沟：东西方文化交流的风向标？——兼论华北小石器文化和“石器之路”的假说》，载《第四纪研究》，2005年第6期。

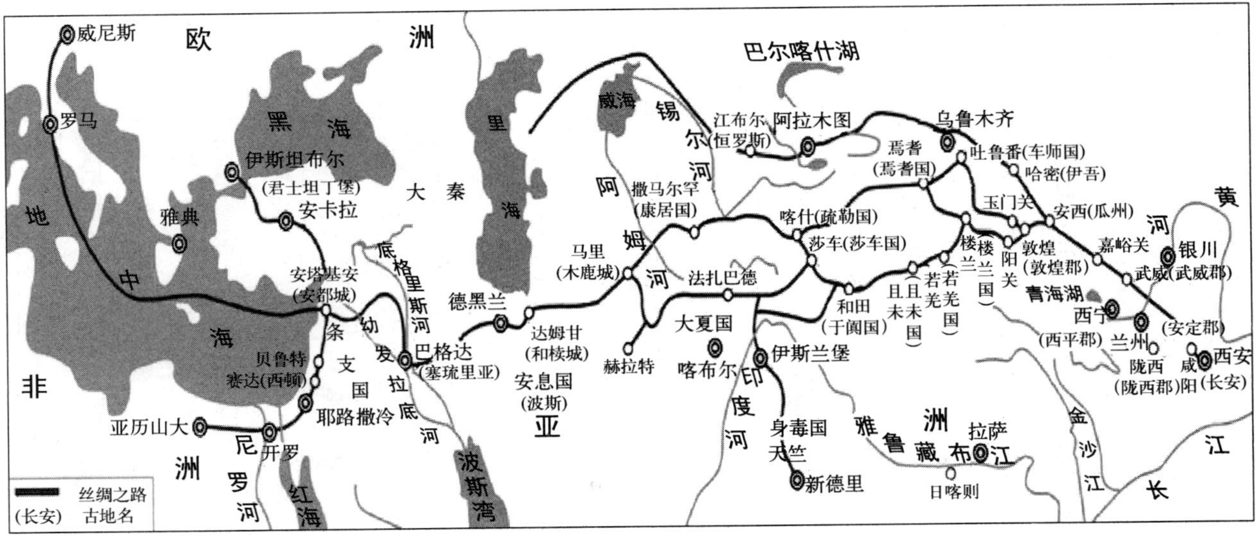

图1－1　古代陆上丝绸之路示意

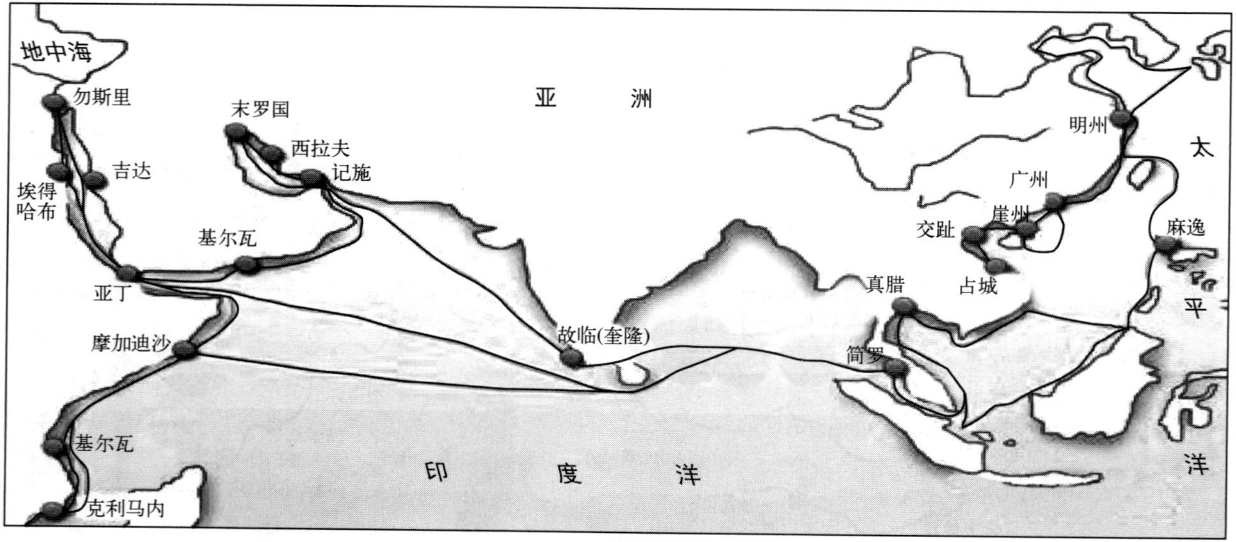

图1－2 古代海上丝绸之路示意

据此，笔者拟将“丝绸之路”定义为：古代从我国大陆出发，经东南亚、南亚、中亚到西亚、北非和欧洲，以丝绸贸易为主要媒介的文化交流之路。

对这一定义，有以下三个层面的理解：

第一，这一定义的基石是“路”，丝绸之路首先是东西方交通的通道，在古代包括陆路、海路，今天则还有航空、管道运输等；

第二，“路”承载的主要物质是丝绸，是东西方经贸往来的载体，这是对丝绸之路的功能的狭义理解；

第三，“丝绸之路”还是友好往来之路、文化交流之路，这是在经贸往来基础上的延伸和拓展。

（二）海上丝绸之路概念的提出

到目前为止，学术界对于海上丝绸之路概念提出方面的讨论已基本形成一致的观点。一般认为，第一次明确提出“海上丝绸之路”的概念的是法国学者让·菲利奥札（Jean – Filliozat）[1]。日本学者三杉隆敏于 1968 年[2]在其所著的《探索海上的丝绸之路——东西陶瓷交流史》中正式使用了“海上丝绸之路”这一名称。但是，三杉隆敏在《海上丝绸之路——大航海时代的陶瓷冒险》中又认为，海上丝绸之路是在航海技术发达以后才出现的，

---

1 耿昇：《法国汉学界对丝绸之路的研究》，载《西北第二民族学院学报（哲学社会科学版）》，2002 年第 2 期。

2 需要特别指出的是：国内现有中文文献关于三杉隆敏首次正式使用“海上丝绸之路”的时间大多为 1967 年，经笔者多方考证，确认三杉隆敏《海のシルクロードを求めて——東西やきもの交渉史》（中文书名为《探寻海上丝绸之路——东西陶瓷交流史》）发表的准确年份为 1968 年。

从时间上看比陆上丝绸之路晚得多，尤其是到了宋代以后，才进入快速发展繁荣期。这一论断和我国《汉书·地理志》一书关于海上丝绸之路始于西汉的历史记载差异很大。

二、古代海上丝绸之路的发展简史

关于丝绸之路开始的时间，一方面，尽管学者们根据考古发现将其一再前移，但另一方面，龚缨晏认为："作为一条交通道路，陆上丝绸之路不仅应当是相对固定的，而且还应当有一定规模的、比较频繁的双向货物往来。"[1] 笔者认同后一说法，作为一条通道，其存在的时间也许伴随着人类生存的时间，可以追溯到很久以前，但如果用一个特别的名称来命名这条通道，则意味着这条通道具有了某种固定的特征。只有"有一定规模的、比较频繁的双向货物往来"，"丝绸之路"的特征才得以固化乃至彰显。

不过，"有一定规模的、比较频繁的双向货物往来"的通道的形成，并非一蹴而就，而是需要一个持续的甚至是漫长的探索过程作为前置条件，因此，对于这一前置的探索过程的研究也是有必要的。尤其是对于我国这样一个有着悠久历史，且古代文明发展具有连续性的国家来说，先民们出于生存发展或是躲避战乱的需要，以在陆上中原地区为中心，很早就开始向东、南、西、北各个方向扩散，而在海上航线方面则主要以东海、南海航线为主。综观大量史料，古代华夏民族的扩张、迁移是很厉害的。笔者拟将这一前置的探索过程称为"萌芽期"，而将"有一定规模

1　龚缨晏：《关于古代"海上丝绸之路"的几个问题》，载《海交史研究》，2014 年第 2 期。

的、比较频繁的双向货物往来”的“丝绸之路”称为“形成期”，随后还有发展期、鼎盛期和式微期。

（一）萌芽期（史前至秦）

刘东生、侯亚梅等人认为陆上丝绸之路的探索始于旧石器时代，目前尚未得到完整的论证。而新石器时代晚期的龙山文化、百越文化的航海活动，则获得了考古界的证实。考古发现，生活在我国黄河中下游的龙山人曾航海抵达过朝鲜、日本、阿拉斯加及太平洋东岸；百越人则渡海抵达过夏威夷、菲律宾、北婆罗洲、库克群岛、马奎萨斯、社会岛、新西兰乃至南美的厄瓜多尔等地。

夏商周时期，航海技术的发展，货物贸易的出现，使航海从上古时代的懵懂漂移升级为一种运输方式。子曰：“道不行，乘桴浮于海”，意思是如果他的主张不能推行于天下，就乘坐着竹筏子到海外去。可见我们的先民出海航行较为常见，且历史悠久。目前而言，有文献记载的海上丝绸之路开始探索的时间比陆上丝绸之路更为悠久。春秋战国时期的齐国人、燕国人开辟了两条东渡航线，一条经朝鲜半岛抵达日本，另一条经对马岛直航抵达日本。《管子·轻重》记载，管仲曾对齐桓公建议以与邻国通商来发展国力，包括与朝鲜、日本的通商。有学者认为这是最早的东方海上丝绸之路。笔者以为，在漫长的萌芽期，至少有以下几个事件值得研究。

1. 殷人东渡美洲的假说

公元前 1045 年（根据夏商周断代工程），武王伐纣，商朝灭亡。然而，攸侯喜的 10 万军队，连同林方、人方、虎方等部族共25万人，集体失踪。而与此同时，遥远的中美洲忽然出现了一支带有浓郁殷商文明特质的奥尔梅克（Olmec）文明。考古工作者在奥尔梅克文明遗址拉文塔（La Venta）太阳神庙祭祀中心地下发掘出的6块玉圭上，意外地发现铭刻着殷商文字，经过辨识，其内容为殷人远祖、高祖、始祖、先公先王名号谱系。

1590年，法国人阿科斯塔就认为最早的印第安人是亚洲人。1752年，法国历史学家歧尼继而提出了中国古籍中的“扶桑”即为美洲墨西哥的观点。由此导致中西方学者们关于谁先发现新大陆的热议[1]。英国翻译家梅德赫斯特最早提出殷人东渡的假说，在翻译《尚书》的过程中，他认为武王伐纣时可能有殷人渡海逃亡，中途遭遇暴风，被吹到美洲。美国人迈克尔·芤也认为奥尔梅克文明出现的时间和中国文献中记载的大风暴发生时间接近，进而推测奥尔梅克文明可能来自殷商。学者们还发现了殷商文明和奥尔梅克文明在语言、文字、建筑等方面的相似性。我国国学大师罗振玉、王国维以及郭沫若等人也相信这一假说。

2. 箕子东渡朝鲜的记载

箕子是殷商王文丁之子，纣王叔父，封于箕，与微子、比干并称“殷末三仁”。殷商灭亡后，箕子率5000遗民从胶州湾东渡朝鲜。《史记》记载，箕子带着商代的礼仪和制度来到朝鲜半岛北部，被当地土著推举为国君，并得到周朝的封国，史称“箕子朝鲜”。箕子到朝鲜后利用先进的农耕、桑蚕、烧陶等生产技术

---

1 《殷人东渡美洲不是“天方夜谭”》，凤凰网，http：//news. ifeng. com/gundong/detail_ 2013_ 06/09/26268468_ 0. shtml。

发展经济。此外，《尚书大传》《汉书》《后汉书》《三国志》等史书也记录了箕子东渡朝鲜、开发朝鲜的史事。朝鲜史学家安鼎福编著的《东史纲目》记载，箕子在朝鲜治理不到 3 年，当地民风大变，夜不闭户，社会和谐安定。李氏朝鲜官纂史书《高丽史》记载：公元 1102 年，“礼部奏：我国教化礼仪，自箕子始，而不载祀典。乞求其坟茔，立祠以祭”。

据文献记载，箕子王朝先后经历 41 代君王，到公元前 193 年，箕子王朝灭亡。箕子朝鲜在朝鲜半岛统治了近 1000 年。

3. 徐福东渡日本的记载

《史记》最早记载徐福东渡日本的史事。《史记·秦始皇本纪》记载：秦始皇二十八年（公元前 219 年），“齐人徐市等上书，言海中有三神山，名曰蓬莱、方丈、瀛洲，仙人居之。请得斋戒，与童男女求之，于是遣徐市发童男女数千人，入海求仙人”。这是徐福（徐市）第一次出海。秦始皇三十七年（公元前 210 年），徐福第二次奉命出海。《史记·淮南衡山列传》记载：“（秦始皇）遣振男女三千人，资之五谷种种百工而行。徐福得平原广泽，止王不来。”史料说徐福到达的地方是亶洲，就是今天的日本。

徐福东渡日本的出发点是浙江慈溪。他给日本带去了农耕、蚕桑技术，还有文字，日本“弥生文化”的产生与徐福东渡关系密切。

4. 下南洋的有关记载

狭义的南洋主要包括现在的东盟十国，广义的南洋则延伸到印度、澳大利亚等地。由于地缘接近，这些地方成了历代华人移民的重要聚居地。有文献表明，早在7000多年前，我国长江流域、东南沿海的先民便开始了第一次大迁移，其目的地包括越南、柬埔寨、菲律宾、印度尼西亚、马来西亚等地，逐渐演变为百越民族；3000多年前，我国西南地区的百濮族群开始了第二次大规模的迁移，目的地包括柬埔寨、缅甸、老挝、越南等地，逐步演变形成了孟族、越族、高棉族等民族。我国古代文献《水经注》《太平御览》等都有关于林阳国的记载，这就是最早的孟人。现在中外很多学者根据考古资料认定孟-高棉语民族起源于我国南方地区。如美国学者凯耶斯[1]，他认为："在新石器时代，东南亚地区主要是同中国有联系。"还有索尔海姆[2]、宋迈·宾吉[3]也持同样观点。公元前后的羌人南迁，则是东南亚迎来的第三次大迁移。古代羌人经川滇到达缅甸、越南、泰国、老挝、柬埔寨等地，进而演变成今天缅甸的掸族、泰国的泰族、老挝的老族，以及我国境内的布依族、彝族、土家族、傣族等少数民族[4]。此后，华人"下南洋"一直持续进行，规模或大或小，一直延续到近代。现在，东南亚华人是海外华人人数最多的一部分，下南洋的华人对当地的经济社会发展起到了巨大的促进作用。

---

1 [美]：Charles F Keyes，"TheGoldenPeninsula：CultureandAdaptation in Mainland Southeast Asia". Macmillan Publishing CoInc，1977.

2 参阅云南省博物馆和中国古代铜鼓研究会：《民族考古译文集第2集》，昆明：云南省博物馆，1987年。

3 [泰] 宋迈·宾吉，[法] 安布雷·多雷：《泰国兰那十二个月习俗研究》，赵瑛译，张镇华校，昆明：云南民族出版社，2002年。

4 景生魁：《从民族迁徙的历史背景考察缅甸的"胞波"俚谣》，载《阿坝师范高等专科学校学报》，2007年，第24卷第4期。

5. 南越海上丝绸之路的记载

秦朝末期，中原战乱再起。秦将赵佗来到岭南，割据称王，建立南越国。南越得天独厚的区位优势有利于发展对外贸易。当时的番禺（今广州）是对外贸易中心。从南越王墓的出土文物考证得出的结论是，当时的南越与波斯、印度、东南亚等地均有贸易往来，海上丝绸之路已经初具规模。冯雷[1]认为南越国已能够完全建造一定规模的航海船只。彭年[2]进一步指出南越族是有着“海上航运悠久历史的海洋民族，是海上丝绸之路的开拓者和中国古代海洋文化的先驱”。此外，李庆新[3]、赵善德[4]等人对南越的对外贸易及海上丝绸之路也多有论及。可以断言，南越与海外的贸易往来对双方经济文化交流做出了重要的历史贡献。

航海技术方面，考古发现新石器时期已出现独木舟，继而利用榫卯在独木舟周围安装木板，制造出木板船；春秋战国时期，吴国战船已分为戈船、楼船、桥船、大翼等多种。史前至秦这一时期出土文物上已有风帆图案的船纹，说明当时或者更早的时期就已出现了风帆。行政管理方面，商代建立了舟船管理制度，管理舟船的官员称苍兕，周朝则称为舟牧。1957 年安

1 冯雷：《南越国与海外交流》，载《岭南文史》，2000 年第 3 期。

2 彭年：《南越族是中国古代海洋文化的先驱》，载《中华文化论坛》，2004 年第 4 期。

3 李庆新：《从考古发现看秦汉六朝时期的岭南与南海交通》，载《史学月刊》，2006 年第 10 期。

4 赵善德：《论东周秦汉岭南的对外交往与商业意识》，载《肇庆学院学报》，2007 年第 1 期。

徽出土的“鄂君启舟节”，一组5件，是楚怀王发给鄂君的水路运输货物的免税通行证，可见当时已经出现水上航运的专业经营者。这一时期出现的港口有碣石、黄港、腄港、琅琊港等。

图1－3　鄂君启舟节

（二）形成期（汉代）

如前所述，龚缨晏认为只有“有一定规模的、比较频繁的双向货物往来”才意味着丝绸之路的形成，而从考古情况来看，南越的对外贸易已经符合这一特征，因此可以认为南越时期是古代海上丝绸之路的形成期。综观众多研究文献，一般认为古代海上丝绸之路的形成期为汉代。本书也将汉代确定为我国古代海上丝绸之路的形成期，理由如下。

（1）汉代史书有明确记载。南海航线方面，《汉书·地理志》载：汉武帝派遣使者“自日南障塞、徐闻、合浦船行可五月，有都元国；……船行可二月余，有黄支国，……其州广大，户口多，多异物，……与应募者俱入海市明珠、壁流离、奇石异物，赍黄金杂缯而往。所至国皆禀（廪）食为耦（偶），蛮夷贾船，转送致之”。这里详细记载了汉代商船从雷州半岛出发，沿印度

图1-4 春秋时期的楼船

半岛远洋航行，进行经贸活动的情形。这是学者们公认的最早也是最有权威的记载。东海航线方面，《后汉书·倭传》记载："倭在韩东南大海中，依山岛为居，凡百余国。自武帝灭朝鲜，使驿通于汉者三十许国……"可见汉武帝时已经开通与日本的海上经贸往来航线。

（2）与南越偏安一隅相比，汉代江山一统，由汉武帝派遣使者航海出使诸国，其盛况、影响力及在历史上的地位都毋庸置疑。

从《汉书·地理志》的记载可以看出，形成于汉代的海上丝绸之路与东南亚、南亚诸国贸易的货物主要有丝绸、陶瓷、香料等，何国卫[1]认为当时已经对海陆两种运输方式所适宜的货种做了区分，丝绸等轻品走陆路，陶瓷等重品走海路。

《汉书·地理志》的相关记载还显示，汉代海上丝绸之路的港口有徐闻、合浦，此外，广州、泉州、宁波等港口也获得了进一步发展。

（3）汉代中国的造船技术已经相当成熟。汉代造船技术的显著特点是船舶体型大，有多层，且大量出现，出现了横隔仓造船结构。据《汉宫殿疏》[2] 记载，汉代“豫章大舡”可载上千人的水师，且设有宫殿。汉代刘熙的《释名》及《史记·平准书》都记载有一种“楼船”，高十多丈，除底层外，第二、第三、第四层分别称为“庐”“飞庐”“爵室”，有的大型兵船还有用于瞭望的第五层小屋，名曰“斥候”。汉代编入水师的楼船曾在沿海地区作战。风帆在汉代得到广泛应用[3]，在拼接船板方面，西汉时期广泛使用钉接技术。此外，汉代船舶的橹、桨、碇等也有了完备的配置，导航方面除主要利用北斗星、北极星外，汉代人还会利用季风航海。

总体来说，汉代造船、航海技术已处于当时世界领先水平，对汉代开辟海上丝绸之路，尤其是“有规模的”远洋航行提供了有力支撑。

（三）发展期（三国至唐）

汉代以后的三国两晋南北朝时期，战乱频仍，偏居东南一隅

1 何国卫：《论中国古代“海上丝绸之路”的技术基础》，载《南海学刊》，2015年，第1卷第3期。

2 引自（唐）段成式：《酉阳杂俎》。

3 席龙飞：《中国造船史》，武汉：湖北教育出版社，2000年。

的六朝（吴、东晋、宋、齐、梁、陈）统治者大都懂得凭借东南沿海的航海区位优势，通过海上贸易促进经济发展，以期在诸侯割据中立于不败之地。

三国孙吴船队有战船、商船。东海航线主要是到朝鲜，南海航线则至柬埔寨、越南，有关文献[1]中载："其四帆，……邪张相取风气，而无高危之虑，故行不避迅风激波，所以能疾"。可见此时人们已经注意到对侧向风力的利用。这种转动升降灵活的风帆，比只能顺风行驶的风帆技术更先进，更利于远洋航行。

魏晋南北朝时期，历代政府都积极发展海上贸易，南海、东海海上丝绸之路都得到进一步发展。对外贸易对象增加到 15 个国家和地区，南海航线包括至东南亚的南洋航线，以及至印度、罗马（大秦）等的西洋航线。阿拉伯文献《古行记》载："中国的商船，从公元 3 世纪中叶开始向西，从广州到达槟榔屿，4 世纪到锡兰，5 世纪至亚丁，终至在波斯及美索不达米亚独占商权。"不过这条航线当时没有固定化。南朝《宋书 · 夷蛮传论》记载，中国与大秦天竺之间"舟舶继路，商使交属"。阿拉伯学者马斯欧迪《黄金原和宝石矿》记载，中国船惯于航行"到阿曼、西拉夫、奥放位和巴士拉，而这些国家的船舶则自由地航向中国"，"中国船只于 5 世纪航行至幼发拉底河的希拉城，与阿拉伯人进行贸易"。此外，这一时期，我国通往朝鲜、日本的航线也得到了新的拓展。秦汉时代，通往朝鲜、日本出海口，主要是

1　万震（吴国丹阳太守）：《南州异物志》。

渤海湾一带，这一航线贸易交往频繁。

隋结束了纷争局面，经济得到发展，海外贸易进一步发展。但朝代短暂，发展不够深入。

唐代，是我国历史发展的一个重要的里程碑，经济繁荣，海上丝绸之路也盛况空前。因黄河流域经历战乱，经济衰退，唐代经济中心乃至海上丝绸之路中心再次南移，且海上丝绸之路较之陆上丝绸之路更盛。东海、南海航线都发展到了相当规模。东海航线，与新罗经贸往来频繁，出海口包括辽宁、山东、江浙，以山东（登州）居多；南海航线，据贾耽《皇华四达记》载，东航路是广州至巴士拉港（大食国），途经东南亚（越南、马来西亚、印度尼西亚）、南亚（斯里兰卡、印度、巴基斯坦）、西亚（伊拉克）等，西航路是广州至阿拉伯地区、东非沿海、红海一带，东西航路合称“广州通海夷路”，是当时全球最长的远洋航线。据《新唐书·地理志》载，当时的海上贸易商品中，输出的主要是丝绸、瓷器、茶叶、铜铁器四类，输入的主要是香料、花草等。

唐代东海、南海航线的繁荣造就了当时四大著名的国际贸易港口：广州、泉州、明州（宁波）、扬州。此外，交州（现越南比景港）、福州、登州等港口也较为发达，且港口经济发展繁荣。广州港是唐代第一大港。随着贸易量的增长，唐代后期每年进港货船达4000艘。海外客商约12万人侨居于此。这一时期，在广州港外围还有交州、琼州（今海口）、吉阳军（今三亚）、万安军（今万宁），作为广州的外港，来自广州、泉州的货船经常在这些地方与外商交易。这应该是我国古代较早的港口联盟。扬

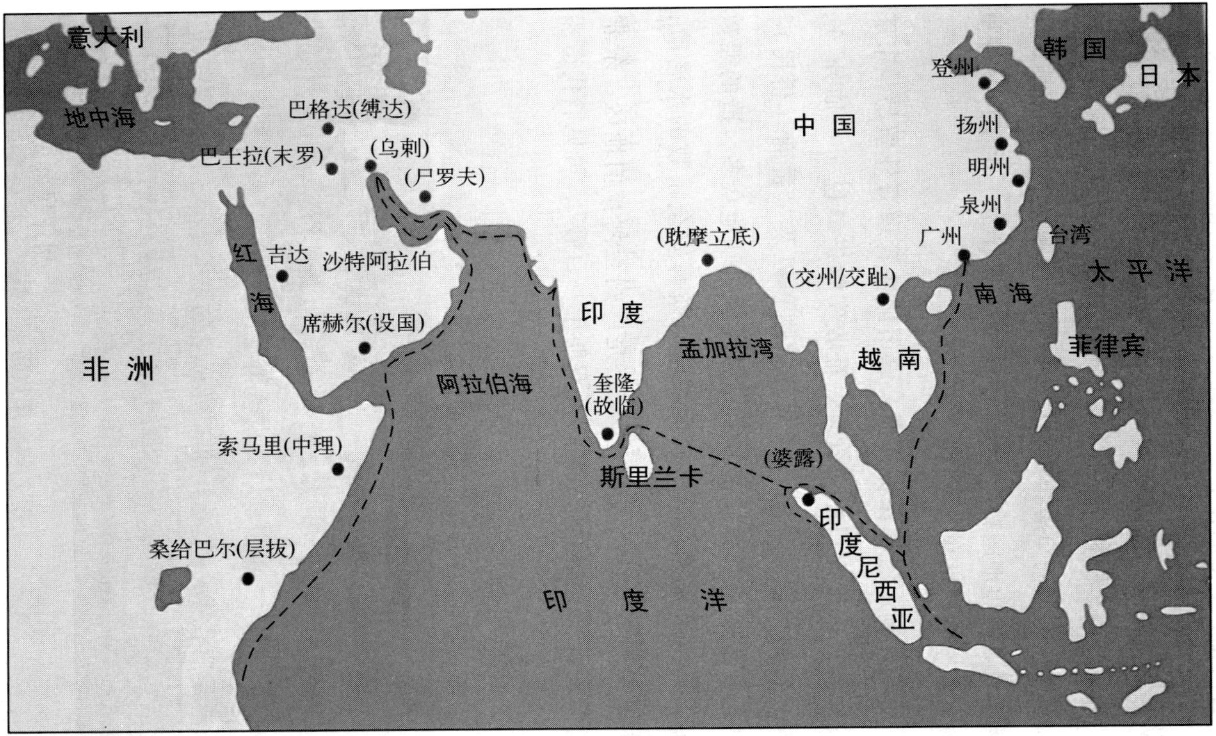

图 1－5　唐代广州港与海外各地航线

州也是唐代负有盛名的港口，可以认为是当时港口与其腹地经济互动发展的典型。扬州地处长江与大运河的纵横交汇点，兼具江、河、海运之便利，在上海、太仓形成港口之前，扬州成为长江流域唯一的通商口岸，拥有广大的长江流域作为经济腹地，当时扬州及其周边地区物产丰富，农产品、矿产品、手工产品等重要物资都是通过扬州港出口的。

唐朝廷制定法律保护外商，设市舶使管理海外贸易，市舶使的职责包括进出口船舶管理、征收实物进口税（“抽分”）、博买（由朝廷设定价格收购部分货物）以及“番商（侨民）”管理。在造船与航海技术方面，唐代造船基地众多，造的船数量多，且技术先进，已出现增加船只航行安全系数的水密舱，处于世界领先地位。《资治通鉴》卷一九九载，唐太宗“敕越州都督府及婺、洪等州造海船及双舫千一百艘”，可见唐代造船

图1－6　唐代码头模型

表1-1　唐代广州港历任市舶使一览

时间	名称	任职	地点	身份	资料出处
开元二年	周庆立	市舶使	岭南	昭州首领（本官：右威卫中郎将）	《旧唐书》卷8《玄宗纪》
开元十年后至天宝初	韦光闰	市舶使	广州	宦官（本官：内府局丞）	《英华》卷931于肃《内给事谏议大夫韦公神道碑》，《唐代墓志汇编续集》乾元零零四《韦光闰妻宋氏墓志》
天宝八载	（阙名）	中人之市舶者	广州	宦官	《新唐书》卷126《卢奂传》
广德元年	吕太一	市舶使	广州	宦官	《旧唐书》卷11《代宗纪》
开成元年	（阙名）	市舶使	广州	宦官（监军使兼领）	《旧唐书》卷177《卢钧纪》
大中四年	李敬实	市舶使	广州	宦官（都监兼领）	《唐代墓志汇编续集》大中零七八《李敬实墓志》
唐末	（阙名）	市舶使	广州	宦官	《中国印度见闻录》卷2《中国见闻续记》

业基础雄厚。还有文献载当时有一种“俞大娘”船，载重达万石[1]“操驾之工数百”[2]。钉榫结合技术大量使用，还有一种“苍舶”，长二十丈，能载六七百人[3]。导航技术方面，唐代航海主要以仰测两地北极星的高度差来确定南北距离变化，《海岛算经》[4] 记载了唐人根据相似三角形对应边长成比例的原理和勾股定理，运用“重差法”测量陆标；唐代利用季风航海技术也得到提高，文献中关于唐代僧人义净航海赴印求法就能证明唐人掌握季风的规律，且能在航海中根据这一规律推算季风时间。

（四）鼎盛期（宋至明初）

1. 宋代

从经济总量、科技等方面来看，宋代比唐代有了显著进步。在宋代，我国南方经济实力超过了北方。宋代也延续了唐代以来海上丝绸之路南移的趋势。这一时期，我国同朝鲜、日本、南洋等地海外贸易全面展开，更同阿拉伯帝国一起将亚非海上贸易推向顶峰。

（1）日本航线。北宋时期，日本执政者对中国采取闭关锁国的政策，中日贸易以中国为主导，南宋时日本政府恢复了与中国的海上贸易，中日海上丝绸之路随之迎来鼎盛时期。北宋主要的对日贸易港口是明州，此外还有泉州、华亭；日本的港口则有值

---

1 石，古代计量单位，唐代一石为53千克。
2 据李肇：《唐国史补》。
3 据慧琳：《一切经音义》。
4 李淳风等人注释。

嘉岛和博多港。南宋时中方港口又增加了温州、秀州、江阴军等，后来政府只限于明州港作为官定对日通航港口；日方港口也只剩一个博多港。宋代去日本的船一般选择在夏季或初秋，返航则在三四月份，可见当时航海者能很好地利用信风规律。南宋输入日本的货物有宋钱，陶瓷，绢织品，书籍与文房四宝，香料与药品，绘画等美术品，等等。日本输入南宋的货物有铜、硫黄等矿物，西部所产的木材，日本刀等工艺品，等等。

（2）朝鲜航线。据有关史料记载，宋代遣使赴高丽 30 次，高丽遣使来宋朝 57 次，频繁的官方交往逐渐带动民间贸易。航线有北线和南线两条：北线从山东莱州出发到高丽的翁津，航程 2 天；南线起点明州，到朝鲜礼成江碧澜亭，航程 15 天。出口货物主要有丝绸（包括礼服、川锦、浙绢）、金银器、乐器、漆器、象牙、玳瑁等，进口货物主要有武器、马匹、药材、人参、硫黄等。

（3）南洋航线。宋代所谓“南洋诸国”包括东南亚、阿拉伯、东非沿海等地区，赵汝适的《诸番记》和周去非的《岭外代答》都指出宋朝和大食（阿拉伯帝国）通商的重要性。宋代与“南洋诸国”的通商船队出发起点主要是广州、泉州两港，向西航行到达的地点在唐代船队到达波斯湾的基础上，又延伸至红海和东非沿海地区。

宋代港口的数量、布局、规模在唐代的基础上有了进一步发展，也有此盛彼衰的格局调整。泉州港超越广州港成为第一大港，与埃及亚历山大港并称当时世界超级大港。泉州港位于宋朝统领区域海岸线的中心点，南接广州，北连明州；航线方面，南下南洋，东航日本，北上高丽。得益于地缘优势，加之受宋金战火影响小，凭借周边生产基地的雄厚实力，泉州港输出大量的瓷器、丝织品和手工艺品，与其外围福州港、漳州港形成港口联盟。此外，广州、明州、登州等也是当时著名港口。宋代已经有了商者（货主）和海运者（承运人）的分工。宋代商人还入驻海外港口，他们有效地开辟了中国商品的海外市场。

造船及航海技术方面，宋代船舶船体进一步增大，制造工艺日趋复杂，船舶内部结构不断改进。据史料记载，出使朝鲜的“神舟”载重量达 1500 吨，舵长达 17 米，水密舱、船尾舵、龙骨结构等技术日益推广，泉州后港渚出土的宋代海船，展示了宋船尖底、吃水深、适应远航的特征，其多重板船壳结构的造船工艺在当时居于世界领先地位。宋代航海以直达为主，航速稳定，基本与唐代保持一致，表明这一时期驾船技术成熟、稳定。宋代对潮汐规律、海洋季风的掌握和应用更加成熟，能应用升降舵和多副舵控制航向，能运用相当高水准的船舶操帆技术应对斜侧风。还出现了木碇、石碇、木石锚、铁锚等定泊工具。宋代发明了指南针，作为中国古代享誉中外的四大发明之一，使得航海导航技术迈上新台阶。基于这一技术，宋代的指南针水浮法使得指南针在航海中得到成功应用，随后出现的天文定位、罗盘导航和航迹推算等技术及发明，为宋代跨洋航海奠定了技术基础。我国利用指南针航海导航技术的最早文字记载是北宋宣和元年（ 1119 年）成书的《萍洲可谈》：“舟师识地理，夜则观星，昼则观日，阴晦观指南针。或以十丈绳钩取海底泥嗅之，便知所至，……”这段话揭示了在宋代航海中天文导航与地文导航的结合运用。

图 1－7　宋代尖底船模型

2. 元代

与历代统治者相似，元代统治者出于发展经济的需要，也重视航海事业的发展。同时，由于元代军事征战频繁且地域广大，军事物资的运输对航海产生了大规模的需求。海运、漕运都得到了长足的发展。其主要表现：一是造船能力强大。元朝廷专门拨款用于造船。《马可·波罗游记》记载："有属于大汗之船舶逾 15 000 艘，盖于必要时运输军队赴印度诸岛者也，缘此地距海仅有一日程。"元军为了准备一次战争往往就能造船数千艘。元代造的船舶除用于军事外，还用于海上潜运及远洋海运。二是重视发展海上运输及贸易。元代的统治中心以北方为主，需要获取东南沿海富庶地区的财富，也需要通过发展海上贸易获得财富，因此，元朝廷致力于发展海运及海上贸易。当时，与元朝有航海贸易关系的国家和地区共计 120 多个，囊括了太平洋西部沿岸、印度洋北部海岸、非洲东海岸的几乎所有区域。海上贸易的发展必然造就繁荣的港口经济。泉州港经历了历代的发展，在元代迎来了它的鼎盛时期，成为东方第一大港。三是技术方面，元朝造出的四桅远洋海船的性能在当时世界上首屈一指，较大的远洋船舶有十几道风帆，在这一时期，我国早于西方进入“定量航海”时期，此外，还引进了阿拉伯的天文航海技术。

3. 明初

明代初期，在前面历朝奠定的基础上，航海事业达到我国古代的鼎盛时期。明代造船工场数量多、规模大、分布广、配套全（分工细化），属史上空前。如清江船场，有工匠3000余，设总部4个，分部82个，配套的手工工场包括绳索、帆篷、螺钉等零部件加工。造船技术方面，在元代四桅的基础上，明代有了八桅乃至九桅。这都是造就郑和下西洋雄伟壮举的坚实基础。郑和远洋船队中的大船长达100米，宽45米，可谓我国古代航海事业的“形象展示”。而郑和下西洋显然也是这一鼎盛时期的标志性事件。从1405年到1433年近30年间，郑和先后七次下西洋。明代所谓西洋指南海以西，主要是印度洋。而郑和的船队最远曾到达非洲东南沿海。历次下西洋的船队规模为200艘左右，其中大型航海船只60～100艘，载1000余人及大量物资，船上配置有航海图、罗盘，其航海次数之多、规模之大、技术之先进、时间之长、航程之远，在古代世界航海史上都可谓空前之壮举，比西方国家航海早半个多世纪，向当时的世界展示了明朝的强盛。郑和下西洋，对当时中西方交流起到了显著的促进作用，郑和访问南洋乃至西亚、非洲东部沿海诸国之后，这些国家纷纷向明朝遣使入贡，形成“八方来朝”的盛况。从经济上来说，郑和下西洋不光推动明朝海外经贸的发展，也推动了明朝国内手工业生产和经济的发展。郑和船队频繁的航行，使得中国东南沿海到西亚乃至非洲东部沿海的海上丝绸之路进一步畅通、稳定，为今后中西方经贸文化交流奠定了坚实的基础。而且，中国历代已经迁居南洋的居民数量众多，在郑和船队到访之后，华侨地位明显有所提高，这又进一步促进了我国居民向海外迁移数量，特别是福建、广东两省为多。而华侨对南洋各国当地的经济社会发展贡献颇为巨大。

（五）式微期（明代中期至清末）

明代中期以后，我国封建王朝面对的外部环境有了很大的变化。明宣德至嘉靖年间，倭寇对我国东南沿海侵扰逐渐增多，明弘治年间（1498 年），航海家达伽马发现东方航线，葡萄牙、西班牙、英国、法国等西方国家势力相继来到中国，陆续带来了他们的贸易、宗教还有掠夺、战争。到了清朝，一方面有台湾郑氏集团对沿海的骚扰，另一方面西方势力不断入侵，对传统的海上丝绸之路形成很大冲击。因此，明代中期至清代，实施海禁是我国对外政策的主基调。明宣德至嘉靖年间，随着倭寇侵扰加剧，海禁渐严。至隆庆元年（1566 年）平定倭寇，海禁有所放松，海外贸易得以发展。清初延续海禁政策，仅指定广州为唯一的通商口岸。康熙二十四年（1685 年）清政府下令解除海禁，乾隆四十年（1775 年）清政府重申海禁，广州再次成为唯一的通商口岸。此后，清朝国力日衰，我国封建王朝逐渐走向衰落，海上丝绸之路盛况不再。

第二节　浙江古代海上丝绸之路发展简史

浙江古代海上丝绸之路历史悠久。早在8000年前，在宁绍平原的跨湖桥文化中就发现了我国最早的独木舟，河姆渡文化则是我国海洋文化的主要发源地，其中的有段石锛传播范围覆盖西太平洋地区，可见浙江航海史源远流长。

但是，我们判断浙江省海上丝绸之路的形成，则应具备以下几个条件：一是按照“有一定规模的、比较频繁的双向货物往来”这一标准来衡量；二是浙江的主要港口——尤其是宁波港——成为海上丝绸之路的始发港、目的港。我国海上丝绸之路形成于汉代，当时主要对外贸易的港口是徐闻、合浦，这之前或之后的相当长的一段时间，应该有越来越多的古代“浙江制造”货物（如越窑瓷器）通过南方的港口如广州等地出口，也有越来越多的外商经由广州等地来浙江经商，但这只能认定为浙江参与了古代海上丝绸之路，而不能根据在浙江某地发掘出了大量来自海外的古代文物，就断定浙江古代海上丝绸之路的形成。根据宁波港在浙江航海中的突出地位，笔者认为，只有当宁波港成为古代海上丝绸之路的始发港、目的港，且“有一定规模的、比较频繁的双向货物往来”，才意味着浙江古代海上丝绸之路的形成。据有关史料记载，宁波港成为古代海上丝绸之路的始发港、目的港的时期是唐代。因此，可将浙江海上丝绸之路的发展阶段划分为以下几个时期：萌芽期（史前至隋朝）、形成期（唐朝至五代）、兴盛期（宋元时期）、波动及式微期（明清时期）。

一、萌芽期（史前至隋朝）

（一）史前时期

我国有历史悠久的海洋文化，其中影响最大的两大文化：一是北方沿海地区以古登州为主要起点的龙山文化；二是南方沿海地区以河姆渡文化为母系的百越文化。百越文化的影响范围包括浙江、福建、广东等地，并向外传播至菲律宾、太平洋诸多岛屿，对当地文明进程起到了重要甚至是关键性的作用。

河姆渡遗址出土文物中，典型器具为有段石锛，这是专用于制造独木舟的生产工具，在当时处于领先地位。同时，遗址还出土了一件独木舟残骸，中间部分掏空，横截面为弧形，一端收缩呈尖圆形；还有完整的陶舟（夹炭黑陶舟），外形为梭状，两头尖，呈半月形，后世独木舟的形状大体与之类似；另外还出土了6支木桨，都是用整块木板制成。这些都说明海上活动是河姆渡先民生活的重要内容。遗址中发现的鲸、鲨等大型海洋生物的骨骼则充分展示了河姆渡先民的航海能力以及“靠海吃海”的生存能力。

更值得重视的是，有段石锛作为河姆渡文化的典型器具，其传播范围较为广泛，包括浙江沿海、台湾地区，日本乃至太平洋岛屿。学界有观点认为，河姆渡文化向外传播的轨迹可能是沿着赤道逆流的漂航。

在“靠海吃海”的生存发展过程中，河姆渡先民富有开拓精神。其首创的制陶文化、稻作文化、建筑文化也通过航海技术向海外扩散。考古学家安志敏先生[1]指出："以河姆渡及后续者为代表的长江中下游新石器文化的若干因素，影响到史前日本。如绳文时代玉玦、漆器以及稻作的萌芽，弥生时代及其以后的干栏式建筑，都可从长江下游找到渊源关系。"

概而言之，河姆渡遗址中的有段石锛、独木舟、稻谷等文物已经充分反映了河姆渡先民当时的海上活动，这些虽然不是完全意义上的以海上贸易和海上人员往来为目的的海上丝绸之路，但是可以认为，这些海上活动是海上丝绸之路的孕育和准备。

此外，与河姆渡文化时空较接近的嘉兴马家浜文化、萧山跨湖桥文化、余杭良渚文化均出土了渔猎器具及水生动物骨骼等文物，吴兴钱山漾和杭州水田畈两地出土了距今 4700 年的木桨，说明浙江这一片地区史前时期海洋文明较为发达。

（二）西周春秋时期

由于使用木材材质的区别，我国造船业南强北弱。浙江沿海、内河航运相对较为繁盛，成为国家经济命脉。浙江所在的越国十分重视保护航道安全，其海军船只的典型代表是楼船、戈船。

（三）秦朝

秦始皇在宁波设置鄞、句章、鄮三县，其中鄮县的建置与海外贸易关系密切。关于这一点，宁波地区的地方志中多有记载。南宋地方志《乾道四明志》载："鄮山……以海人持货贸易于此

---

1 《河姆渡文化与"海上丝绸之路"的见证者》，余姚新闻网，http：//yynews. cnnb. com. cn/system/2016/08/12/011442352. shtml。

故名。”此外，杭州湾一带是徐福东渡的起点。秦始皇三十七年（公元前210年），徐福开始第二次东渡，从杭州湾一带出发，途经舟山群岛。舟山成为中原文明向海外传播的第一个驿站。

（四）三国时期

东吴黄龙二年（230年），吴主孙权派卫温、诸葛直率官兵一万人，从建业（今南京）始发，到台州章安港会集，渡海至台湾。《三国志》载孙权派遣将军卫温、诸葛直率领甲士万人渡海以求夷州和亶州。这是历史上有书为证的中国王朝第一次与台湾的联系。

（五）三国以后至隋朝

这一时期，群雄割据，征战连绵。江南成为三国的东吴以及南朝五代的统治中心，该地区政局相对稳定，不像中原地区纷争不断。加之北方大量人口南迁带来了先进的生产技术，因而江南经济社会获得稳定发展。浙江作为江南重地，生产方面，尤其是丝绸、制陶等方面获得长足发展。而且自秦汉以来，古代浙江就拥有永嘉（温州）造船基地，造船业相对发达。这些都为浙江海上丝绸之路的产生奠定了坚实的物质基础。据《三国志》载："其上（指亶洲）人民，时有至会稽货布。"亶洲即日本，会稽即绍兴。这段文字印证了当时浙江已和海外开展丝绸贸易的情况，此后，日本出现“吴服”，后来演变为“和服”。

在浙江海上丝绸之路发展的萌芽期，句章港（宁波）、章安港（台州）、会稽港（绍兴）、杭州港等港口均在不同程度上得到发展。

二、形成期（唐朝至五代）

（一）唐代

如前所述，因黄河流域经历战乱，经济衰退，唐代经济中心乃至海上丝绸之路中心再次南移，这也是海上“丝绸之路”开始发展的时期。从这一时期开始，浙江在海上“丝绸之路”中所处的重要地位，也随之日益提高。唐玄宗二十六年（738 年），唐朝设明州，从此，明州从绍兴分离出来，明州州治设在三江口，这一地区相应地成为明州政治、经济、文化中心。三江口的兴起，导致宁波成为大运河与海上丝绸之路的交汇点。明州港，自古就是三江要地，地平土肥，物阜民丰。在航线的距离和内地联系等方面，三江口都具备了优越条件，江面宽阔，方便海外交通，河床发育稳定，内河航运，四通八达，是浙江通往日本的主要港口。

唐朝时期浙江的海外贸易有两种主要形式：一种是商人交易；另一种是国与国之间以交换礼品的方式进行的朝贡贸易，当时日本的主要贡品是琥珀、玛瑙、砂金、银等，而中国回赐的物品，主要是香料、药材、彩帛、书籍等，这实际上是以朝贡为名，贸易为实。产自宁绍平原的越窑青瓷也从唐代开始出口海外，包括日本、巴基斯坦、埃及、伊朗等国家。据木宫泰彦《日中文化交流史》统计，日唐往来船舶贸易共计 34 次，其中以浙江明州为始发港的有 6 次。这些贸易船舶每艘可载 40 ~ 60 人，从明州起程，横渡东海，至日本值嘉岛，再进入博多津。唐代的丝绸深受日本人民的欢迎。

唐代明州除了与日本保持频繁的贸易交往，还和周边的朝鲜（时称新罗）、越南（时称环王）、印度尼西亚巨港（时称室利佛逝）、苏门答腊（时称占卑）等国通商。

造船方面，浙江造船在唐代已占有重要地位。唐朝浙江的造船基地主要有湖（湖州）、杭（杭州）、越（绍兴）、台（临海）、婺（金华）等地。

（二）五代时期

这一时期中原地区战乱频仍，而南方的吴越王钱镠闭门发展生产，浙江的丝织业得以迅猛发展，其发达程度居全国之首，瓷器生产也获得很好的发展，这为当时及今后浙江海外贸易发展奠定了良好的物质基础。朝廷设“沿海博易务”，广招海贾，大兴舟楫，积极发展海外贸易，派使者出使日本。此外，浙江还同朝鲜、东南亚国家、南亚国家、西亚阿拉伯国家等保持贸易往来。

三、兴盛期（宋元时期）

（一）北宋

北宋朝廷积极发展海外贸易，当时北方为辽金的统治范围，曾经承担着与朝鲜等国通航的贸易港是登州等港口，也南移到浙江明州。这样，明州港就成了浙江各海港和泉州、广州港航行朝鲜、日本的必经之地。

北宋对外贸易额不断增加。这一时期的明州港，在中日贸易方面列全国首位。北宋政府还在明州设“高丽行使馆”，用于接待朝鲜使节和商人。这样就促进了明州的海外贸易发展。浙江商人在明州办齐手续后去高丽经商的也有很多，如《高丽史》记载有北宋天圣九年（1031 年）台州商人陈惟忠等 64 人，宝元元年（1038 年）明州、台州商人陈亮、陈绩等 147 人，皇祐元年（1049 年）台州商人徐赞等 71 人。据宋人张津《乾道四明图经》记载，当时明州“虽非都会，乃海道辐辏之地，故南则闽广，东则倭人，北则高句丽，商舶往来，物资丰衍”。当时盛况可见一斑。

除明州港外，北宋又增设杭州港。政府在两港均设市舶司，杭州因此也成为全国对外贸易的重要港口。

北宋时浙江的海外贸易国除日本、朝鲜外，还有大食、渤泥、占城、交趾、丹流眉、三佛齐、真腊等国家和地区。

当时浙江的主要出口产品是：丝绸、瓷器、茶叶、药材、香料、书籍、文具以及铜钱等。值得一提的是，随着北宋书籍等文化“货物”的外流，我国的雕版印刷技术及文化也流传到了这些地区，对当地的文化、科技发展起到了推动作用。

进口商品则包括：来自日本的木材、黄金、水银、砂金、硫黄和各种工艺品；来自高丽的人参、药材、布匹、铜器、漆、虎皮等；来自南海各国的香料、药材、犀角、象牙、珍珠、龙脑等。

北宋时期，浙江造船业也发展到鼎盛时期。据《宋史》[1] 记载，宋哲宗元祐五年（1090 年），下诏令明州、温州每年造船 600 艘，而同一时期的湖南路和江西路的衡、谭、吉、虔四州每年造船总数为 722 艘。宋徽宗时维持这一数额。浙江造船能力在

---

1 （元）脱脱等：《宋史》，北京：中华书局，1985 年。

图 1－8　宋代浙船模型

北宋时期可见一斑。古代浙江一带造的船称为“浙船”，与沙船、广船、福船并称我国古代四大名船。造船技术方面，据《浙江通史·宋代卷》[1] 记载，浙江宁波、温州等地造的船，在船体结构上确保了所造船只用于航海的性能。1979 年宁波宋代海运码头遗址出土的古沉船，其尖底能抗风破浪，水密舱装置则具有抗沉、抗破坏性能，而能缓解船在风浪中晃动的舭龙骨装置则处于当时世界领先水平。

（二）南宋

南宋朝廷偏安一隅，定都临安，浙江成为南宋的统治中心。为增加国库收入，南宋政府积极发展海外贸易，拓展海外市场。

1　沈冬梅，范立舟：《浙江通史·宋代卷》，杭州：浙江人民出版社，2005 年。

据《宋会要辑稿》记载，宋高宗多次申明："市舶之利最厚，若措置合宜，所得动以百万计""市舶之利，颇助国用，宜循旧法，以招徕远人"。说明统治者积极性很高。为发展海外贸易，南宋朝廷对市舶采取了有效的激励措施，在保障客商权益方面，也制定了较为完善的措施，如规定市舶官员若强行征收外商商税，则允许外商向宋朝政府控告、上诉，等等。

南宋时期明州港海外贸易进一步发展。在北宋发展的基础上，南宋时明州港的海外贸易国又增加了真里富（今柬埔寨）等东南亚、南亚国家乃至阿拉伯等国。

由于南宋朝廷禁止商船进入临安，因此杭州作为海外贸易港的功能逐渐消失，由周边的澉浦、温州等港口取代。澉浦成为杭州的外港，而温州则早在南宋绍兴元年（1131 年）之前就设立市舶务，成为正式的对外贸易港。当时温州工农业生产发展迅速，温州漆器号称全国第一，且拥有南宋时全国最大的窑厂——龙泉窑，其漆器、瓷器从温州港启程，远销南洋、欧洲乃至非洲东海岸。此外，温州还是全国造船中心之一，温州人自古善于经商，因而温州港海外贸易迅速崛起。温州商船频繁进出东南沿海各港口，也吸引了众多海外客商尤其是日本、朝鲜的商人来温州经商，还与东南亚国家、印度等有贸易往来。

（三）元代

元代统治者也积极发展海外贸易。据《续文献通考》（卷二六），元朝廷在浙江实行的海外贸易方面的政策是："官自具船、给本，选人入蕃，贸易诸货。其所获之息，以十分为率，官取其七，所易人得其三。"大意就是由官方给予船舶、资本，海外贸易所得利润由经纪人和官方三七分成。这种政策客观上促进了海外贸易的发展。元朝在浙江设市舶司的港口包括庆元（今宁波）、杭州、温州、澉浦四处，浙江成为元朝设市舶司最多、最集中的地方。此外，还有乍浦、定海作为辅助性港口。可以说，浙江在元代就已形成了对外贸易的港口群。元至元三十年（1293 年）温州并入庆元，大德二年（1298 年）上海、澉浦也并入庆元，庆元的海外贸易就更加繁荣。

元朝的海外贸易国以日本和高丽为主。当时浙江与日本的贸易主要有两种：一种是与天龙寺船交易，这实际上是与日本官方进行交易；另一种则是与日本民间私人贸易。浙江出口日本的货物主要有织物类，包括唐绫、金澜、金纱、毛毡等，还有经卷、文具、唐画、铜钱、书籍、杂器等各类货物；浙江进口日本的货物主要是黄金、描金、扇子、刀剑、螺钿等。元代浙江和高丽保持着频繁的贸易往来。高丽的铜器、镶嵌青瓷、纸张深受中原地区人民喜爱，高丽食品高丽松子、新罗参、鹨鹄肉等则为蒙古人所欢迎，产自浙江的丝织、瓷器、茶叶、书籍等输出高丽的数量也不断增加，其中最多的是瓷器。

此外，当时元代的贸易对象还有东南亚、南亚、西亚阿拉伯等国家和地区。贸易往来的货物方面，浙江出口产品以丝织、瓷器、茶叶为主，进口产品以香料、珠宝、象牙、犀角等珍品为主。

元代，浙江造船依然处于全国重要地位。2014 年慈溪潮塘江出土的元代古沉船目前尚在研究之中，船身的隔板、内舱、龙骨等部件昭示了浙船的特征，这是我国首次发现的具有双层甲板的古沉船。

总体来说，浙江的海外贸易发展到元代，在贸易港口、货物数量及品种方面都是最多的一个时期，它继续保持南宋时期外贸的盛况。但是，由于元代统治者出于垄断进口的奇珍异宝和防止漏税的目的，对民间私人贸易作了种种限制，尤其是对浙江的主要贸易伙伴——日本设置各种障碍，加之官吏相当腐败，进而限制了浙江海外贸易的发展进程，制约了元代浙江海外贸易的规模。

四、波动及式微期（明清时期）

明朝初期，洪武十六年（1383 年），为防范“倭寇”假冒日本使臣及合法商人进行非法贸易，明政府制定了勘合制度。

这一时期的宁波，仍是三大市舶司港口之一。明政府在宁波港设立市舶司、市舶库、宾馆、市舶码头等对外专门机构。由市舶司对入境货物进行检查、监督，并由礼部派专人管理外商在民间的互市贸易。按照规定，外国贡船到宁波后，货物必须入市舶库接受检查。其中贡品直接装箱经水运至北京，其余物品，则允许在从宁波至北京的沿途城市如绍兴、杭州、南京、济宁等地互市贸易。概而言之，这种勘合制度下的海外贸易，是受管制的贸易。明永乐三年（1405 年）到宣德八年（1433 年），郑和 7 次下西洋，从刘家港（太仓）出发，经宁波港，由东海经南海到南洋各国，每到一地都以中国的丝绸、瓷器（大都是浙江产品）等物，换取当地的特产。

明嘉靖二年（1523 年）发生日本商人的“争贡事件”，日本封建主为争夺中国通商特权，互相厮杀，宁波城也遭到洗劫。此事震动朝野，明政府下令撤销宁波市舶司，这一时期浙江海外贸易陷于停顿或半停顿状态。明朝中后期，因为倭寇侵扰，海外贸易受到更大的限制。于是民间走私贸易逐渐兴盛，宁波的海外走私贸易更是盛行一时。宁波港外的双屿港逐渐发展成为国际性走私贸易中心。沿海官商通过各种渠道贩卖浙江湖丝、绸缎、瓷器以及南洋各地的胡椒、香料等货物。明嘉靖二十六年（1547 年），明朝官军突袭双屿港，摧毁了双屿港所有设施，给走私贸易以毁灭性打击。

明朝后期（1569—1572 年以后），为缓解财政危机，朝廷解除海禁政策，允许私人海外贸易。浙江海外贸易再度活跃。有文献记载："浙以西，造海船，市丝口之利于诸岛，子母大约数倍。"[1] 宁波、杭州也再度成为海外贸易的重要港口。还出现了商人和船户合股经营海外贸易的经营方式。浙江的贸易国由原来以日本、东南亚国家和地区为主拓展到欧洲、美洲等地。

清朝初年，延续了海禁政策。顺治十三年（1656 年）规定，严禁商民下海交易，犯禁者，一律处斩，货物入官。直到康熙二十三年（1684 年），清政府收复台湾后，才解除海禁政策。浙江海外贸易重又兴盛。据《海国图志》（卷五十三）记载，康熙三十七年，宁波海关监督张圣诏以定海港口宽广，水声平缓，堪容大舶，请建衙署，以就商船，部议从之。乃于定海域处道头之西，建红毛馆一所，自此外商船舶来定海之日多。

1　（明）丁元荐:《西山日记》卷上 。

但是，这时来浙江经商的已非以往的客商，而是西方资本主义国家商人，他们的目的是进行资本原始积累，商船中携带武器，这引起了清政府极高警惕，浙江海关重又封闭。但当时西方列强之一的英国仍不甘心，比如在乾隆二十四年（1759 年）英国水师“成功”号兵舰偷偷驶入定海等。

清道光二十年（1840 年），鸦片战争爆发。道光二十二年（1842 年），中英签订不平等的《南京条约》，按照条约，清政府开放五口通商，其中包括宁波港。此后，中国对外贸易性质从以往互通有无的平等贸易转变为西方列强在中国进行殖民“贸易”。

第三节 浙江在古代海上丝绸之路发展中的地位评述

古代海上丝绸之路连接东西方，通过实物贸易，在互通有无的基础上实现了东西方文明的交流。海上丝绸之路的实现，需要以下两个方面的要素：一是生产技术及应用生产技术产出的用于贸易的产品；二是交通手段，主要是用于航海的船只及相应的航海技术，还有古代港口的发展。从前文对我国及浙江古代丝绸之路的发展简史可见，我国在造船、航海技术以及生产技术等方面长期处于领先地位，而浙江则在全国占有重要地位，尤其是在宋代以后，处于全国领先地位。

一、古代丝绸之路浙江外销的主要产品

生产技术及应用生产技术产出的用于贸易的产品是海上丝绸之路的物质基础。我国在古代海上丝绸之路输出的主要产品是丝绸、瓷器和茶叶等，尤其在南宋以后，这些产品有相当一部分来自素有“鱼米之乡”“丝茶之府”的浙江。

（一）丝绸

就浙江而言，早在新石器时代，河姆渡、马家浜、良渚文化的稻作技术、丝绸生产技术就已经在人们的生产生活中占据重要地位。河姆渡遗址出土的诸多与纺织有关的文物显示浙江先民是全世界最早从事养蚕缫丝的。春秋时期浙江属于越地，越王勾践

为了提升国力，鼓励丝织业发展。汉朝王充（浙江上虞人，公元27年约至97年）在《论衡》中最早记载了桑蚕养殖技术。东吴时，诸暨、永安等地开始生产御丝，这一时期已有绢帛等丝织品通过明州港输往日本。南北朝时期，南方政治相对稳定，江南水网地带，如嘉兴、湖州乃至温州等山区，都广泛种植桑树，居民大多从事养蚕、纺织行业。东晋南朝时期，日本多次遣使来华，带回轻质纱罗[1]。唐朝，杭嘉湖平原已成为江南丝织中心，而且生产技术明显提升。唐朝廷在明州（今宁波）设纺丝局，产出的绫享誉盛名。唐朝浙江地区生产的纺织品多为贡品，如湖州的布、丝，新安的文绫、交绫、梭绫，丽水的锦、绢、丝，温州的纻布、锦，金华的锦、纤行，衢州的衢布、锦，等等。唐代向日本、朝鲜输出大量丝绸，其中相当一部分来自浙江。宋代以后，全国经济政治重心南移，浙江丝绸生产在全国的地位更加突出。《宋会要辑稿》记载，全国每年丝织贡品合计300余万匹，浙江占1/3以上，丝绵更是超过2/3。南宋朝廷的丝织品来源地中，浙西路和江东路处于显著地位，分别拥有绢的50.9%、丝的36.7%和绵的52.5%。宋朝从浙江港口输往日本、朝鲜、斯里兰卡等地的生丝、花绸、缎、绢、金锦数量更为可观。元明清时，浙江的丝绸业仍保持优势地位。《马可·波罗游记》中说元朝杭州“全城产丝甚多，而商贾由他州输入之数尤难胜计”。元朝浙江输出的丝织品品种也显著增加，有龙缎、苏杭五色缎、花宣绢、杂色绢、丹山锦等。明朝时，产于湖州南浔辑里的“辑里

1　据内田星美：《日本纺织技术历史》。

丝”具有细、圆、匀、坚以及白、净、柔、韧等特点，深受国内外客商的欢迎。还有杭州的丝绸等品种，销往日本、东南亚、欧洲等地。到了清代，“湖丝”质量位居全国之冠，清政府每年有大量浙江丝织品输往日本，仅乍浦输往日本的丝织品就有31 000公斤以上。

（二）瓷器

陶瓷作为古代日用品的主要制造材料之一，是我国古代文明的重要体现，也是我国对世界文明的重要贡献。殷商时的“早期青瓷器”是我国瓷器起源的标志。春秋战国时期，浙江境内就有了烧制早期青瓷的龙窑窑场，史学界一般认为浙江境内的瓷器生产主要有以下几种“窑系”：

（1）越窑系，从东汉到北宋的1000多年间，浙江慈溪、余姚、上虞一带瓷器生产持续进行，从未间断。东汉时浙江上虞生产的青釉瓷器就很成熟，到了魏晋南北朝时期，越窑烧制就达到了很高的水平，隋唐五代时期，我国瓷器生产形成了“南青北白”的局面，其中越窑青瓷是青瓷中质量最高的。

（2）龙泉窑系，位于浙江龙泉县。始于五代，盛于宋元，衰于明，终于清康熙年间。宋朝也是中国古代瓷器的繁荣时期，这一时期负有盛名的“官、哥、汝、定、钧”等名窑中，据历史传说，哥窑就出自浙江龙泉。还有证据表明龙泉窑曾在相当长的一段时间内接受南宋朝廷诏令代烧官窑瓷器，浙江境内的丽水窑也属于龙泉窑系，龙泉窑系是继越窑青瓷在宋代凋零后南方瓷器的出色代表。

（3）南宋官窑，宋南迁后在杭州有两处官窑，一是修内司官窑，窑址迄今未发现；二是郊坛下官窑，窑址在杭州乌龟山。

（4）瓯窑，分布在瓯江两岸，始于汉，盛于唐宋，衰于元。

（5）婺州窑系，在浙江金华，唐时称婺州。始于汉，盛于唐宋，终于元。浙江境内的东阳窑也属于婺州窑系。

（6）寺龙口窑，在浙江慈溪，始于晚唐，终于南宋，烧制瓷器的特征和传统的越窑青釉产品有明显区别，与汝官窑很接近，被认定为南宋为宫廷烧造的御用产品，揭开了南宋初期宫廷用瓷之谜，也将越窑历史的终点从北宋中晚期延续到了南宋，是我国陶瓷史上的重要发现。

（7）德清窑，在浙江德清县，烧造历史可追溯到殷商、周，至宋时停烧，以青瓷为主，也是浙江最早发现的黑瓷产地。窑址多达几十处。德清窑系烧制历史之长、影响之大实属罕见。

我国陶瓷生产在清朝前期、中期达到鼎盛，而乾隆时期则是我国制瓷业盛极而衰的转折点，到嘉庆以后瓷艺就急转直下。鸦片战争后，中国沦为半殖民地半封建社会，国力衰竭，制瓷业一落千丈。辛亥革命后，长达数千年的中国古陶瓷发展史，也至此落下帷幕。

（三）茶叶

浙江产茶历史悠久。我国是世界上最早发现栽培茶树和利用茶叶的国家，在浙江余姚市田螺山发现距今6000年左右的山茶属树根，是迄今为止我国境内考古发现的最早的人工种植茶树的遗存。秦以前是我国茶树种植、茶叶应用的早期阶段，主要在我国西南部、南部一带。公元前5世纪，浙江就设有专业贡茶的御茶园。随着秦统一六国，茶树种植、茶叶应用向长江中下游扩散。茶文化也得到佛道二教的推崇，南方的名山寺院，纷纷种植茶树，促进了茶叶生产的发展，浙江的天竺寺、灵隐寺、韬光寺、广福院、净慈寺、狮峰山胡公庙等，都是茶文化的知名之所。在此过程中，浙江地区逐渐出现了一些名茶，如龙井茶、鸠坑毛峰、安吉白茶等，唐贞元年间（785—804 年）在浙江盛产紫笋茶的顾渚山，建有首座官办的“贡茶院”，有制茶工匠千余人，采茶役工两三万人。宋末元初，两浙大都督范文虎在车厩岙（当时属慈溪县）参拜宋代著名宰相史嵩之墓时，发现了当地盛产的佳茗，于是在墓园旁修建开寿寺，设制茶局，监制贡茶。当时，慈溪县每年贡茶芽 130 公斤，超过出产名茶的江西九江府一倍多，贡茶历史延续了 300 多年，直至明万历年间才取消。

总体来说，丝绸之路始发于汉代，汉代以陆路为主，海路为辅（发端）；到了唐代，陆路海路全面繁荣；宋代以后，陆路中断，海路成为对外交往的主要通道。南宋以后，政治经济中心南移到浙江，出于政府财政对外贸收益的依赖，国家力量和商业力量形成合力，加之造船、航海技术的有力支撑，海上丝绸之路得到长足发展，而对于海上丝绸之路中我国出口的丝绸、瓷器、茶叶三大类产品，浙江又都拥有悠久的历史和丰富的产量，浙江在古代海上丝绸之路中的地位可见一斑。据元人汪大渊《岛夷志略》记载，在海上丝绸之路到达的地方，几乎都有古代浙江的丝绸和瓷器、茶叶等商品的贸易。近年来海上丝绸之路所到之处已出土的瓷器，大都是浙江的产品，这也印证了这一历史事实。

第四节　近代浙江对外贸易及港口经济概述

1840年鸦片战争后，宁波作为被迫开放的五个通商口岸之一，是浙江近代对外贸易的主要通道之一。1876年，温州港被辟为开放口岸。宁波、温州港开埠后，洋货（工业制成品）以及鸦片大量涌入，棉花、茶叶等初级产品大规模输出，宁波乃至浙江外贸得到一定程度的发展，这一时期的浙江外贸及港口的发展情况简介如下。

一、进出口贸易

（一）进口货物

进口产品主要是工业制成品（时称“洋货”），以棉制品（“洋布”）、金属（“洋钉”及“洋锨”“洋锹”等农具）、煤油（“洋油”）等为主。表1－2和表1－3分别列出1885年宁波港及1883年温州港进口货物。

从浙江两港进口主要货种来看，以工业制成品居多。这些工业制成品由于成本低、质量好等优点，具有强大的竞争力，能轻松击败本土产品，占领市场。这也从一个侧面看出西方国家当时已经历了工业化，而我国还没有进入工业化发展时期。

表 1－2　1885 年宁波港进口货物[1]

种类	单位	数量	货值（海关两）	占比（%）
棉制品	包	589 687.92	1 133 170	56
毛织品	包	11 645	93 658	5
金属	担[2]	79 027.32	648 800	32
煤油	加仑[3]	1 133 510	143 093	7

表 1－3　1883 年温州港进口货物[4]

货物	单位	数量	货物	单位	数量
棉制品	件	79 519	干百合花	担	1 448.50
手帕	打	1 400	火柴	罗	5 300
毛织品	件	5 728	药材	担	1 000.97
钉铁	担	2 318.40	煤油	加仑	19 930
洋染料	海关两	2 103	苏木	担	1 050.56
玻璃	平方英尺[5]	27 800	海藻	担	4 397.08

（二）出口货物

出口货物以初级产品为主，宁波港 1876—1894 年和温州港 1877—1894 年出口货物数据分别见表 1－4 和表 1－5。

1　资料来源：中国第二历史档案馆，中国海关总署办公厅：《中国旧海关史料（1859—1948）》，北京：京华出版社，2001 年。表中数据主要是包括直接从外国进口的、从香港转口的进口货物，以及复出口的货物综合所得。

2　担，重量单位，1 担等于 100 市斤，等于 50 千克。

3　加仑，英美制容量单位，英制 1 加仑等于 4.546 升，美制 1 加仑等于 3.785 升。

4　资料来源：第二历史档案馆，中国海关公署办公厅：《中国旧海关史料（1859—1948）》，北京：京华出版社，2001 年，根据各年统计报告整理。

5　平方英尺，1 平方英尺等于 929.0304 平方厘米。

表 1-4 宁波港出口货值统计表[1] （单位：海关两）

商品	1876 年	1879 年	1882 年	1885 年	1888 年	1891 年	1894 年
原棉	46 433	53 490	5 436	4 191			6 036
药材	13 026	19 515	14 787	1 881		3 251	2 058
羊毛	2 311	3 429	881	703			110
粗瓷	2 274	3 077	2 689				
石料	2 046	3 299					
墨鱼干	1 618						
黄铜	1 596	892	1 494	414			
豆饼	882	2 160	1 776	1 245			
花生油						15 227	300

表 1-5 温州港出口货物统计[2] （单位：海关两）[3]

商品	1877 年	1880 年	1883 年	1886 年	1889 年	1892 年	1894 年
明矾	614	762	156.8				
竹条	27.9	3 221.3	850	2 070.82	1 290.83		
木炭	1 514.8	7 247.7	3 153	2 731.2	1 831.54	8 591	4 843
柑橘	2 451.49	7 260.96	7 558.9	10 895.7	10 815.45	13 334	14 823
树胶	109.44	58.3	1 019.3	673.7	1 138.27		
红茶	278.64	1 284.45	513.12	1 650.69	1 450.56	2 422	3 362
其他茶		1 054.8	241.84	968.22	2 211.04	4 369	10 917
烟叶		1 401.62	335.19	1 145.50	1 178.86	1 193	2 401
药材	334.32	2 516.56	1 796.1	6 308.51	6 129	7 579	8 619

1 2 数据来源同表 1-2。
3 1877 年、1880 年、1883 年为货量（担），1886 年以后为货值（海关两）。

二、近代浙江外贸对区域经济的影响

尽管在近代外贸中，我国主要充当了能源资源供给和制成品输入国，但是港口外贸的发展还是在一定程度上促进了区域经济的发展，主要表现为以下几个方面。

（一）推动农产品商品化和市场化

以宁波为例，宁波港开放通商前，宁波地区农业生产主要是以自给自足的粮食生产为主，经济作物很少。农产品虽然有了一定程度的商品化和市场化，但大规模的交易很少。开放通商后，进口粮食成为稳定的外源，宁波地区用于粮食生产的土地面积逐渐减少，而用于经济作物的土地面积逐渐增加，尤其是和外贸有关的经济作物，如棉花、茶叶、席草等种植面积、数量增长迅速，农产品商品化、市场化特点较为明显。

（二）促进近代民族工业兴起和发展

港口外贸使相当一部分商人感受到兴办工商业的利益所在，同时还有“实业救国”思潮的推动，在 19 世纪 80 年代前后，浙江的一些商人开始兴办工商业。1887 年在宁波兴办的通久源机器轧花厂是浙江乃至我国第一家机器轧花厂，后经扩建为通久源纺纱织布局，是浙江最早的纺织厂。第一次世界大战时期，西方列强陷于战争，浙江民族工业迎来一个蓬勃发展的阶段，到 1932 年，仅宁波地区就有 158 家企业，年产值达到 108 万元。这些企业涉及食品、纺织机器修理、日用品、公共交通等，主要集中在轻工业，其中又侧重以生产“洋货”替代产品和能出口创汇的产品为主。从一个侧面可以看出在“洋货”的刺激下，出于实业救国的思想影响和利益驱动，浙江的一批有识之士开始兴办民族工业。

（三）加速浙江近代商业产生和发展

在宁波、温州等港口开放通商前，浙江已有一定商贸基础，以手工业产品和土特产交易为主。港口开放后，西方列强在宁波、温州等港口地区设立洋行和公司，以便倾销商品和掠夺资源。这些洋行和公司一开始大都是英美国家的，后来也有德国、法国、日本等国的，主要从事鸦片贩卖，输入“洋货”，运出蚕丝、茶叶、棉花等初级产品以及工业原料。由于对我国本土商情、民情的陌生，以及语言隔阂，这些洋行、公司只好与中国的商业机构及商人打交道，这样就催生了一批本土的为洋行服务的买办商人。这些本土的买办商人受到“洋货”及土货交易的利益驱动，纷纷投资设立商业买办机构，从事“洋货”销售和土货收购。就连一些原本不是买办的商人也顺应潮流，纷纷开设新的商业机构，或改变原有商业机构的经营方式，加入到为“洋行”服务中来。这样，宁波、温州等沿海港口地区的传统商业逐渐转化为近代商业。

第五节　古代海上丝绸之路与 21 世纪海上丝绸之路的联系与区别

海上丝绸之路作为千百年来东西方经贸往来的重要通道，无论是古代还是现代，都承载着货物贸易、文化交流、人员往来等重任，昭示着古今亚欧文明交融的必然性和必要性，对东西方经济社会发展一直有着重要的促进作用。而我国作为发起者，在海上丝绸之路的兴起、发展过程中起着决定性作用。

曾经兴盛的海上丝绸之路，今又重来。当然，由于时代的变迁，科技、经济、社会等背景条件的巨大差异，21 世纪的海上丝绸之路与古代海上丝绸之路相比，无疑是实现了时代的跨越。

第一，是科技条件的巨大差异。古代海上丝绸之路中，我国航海、造船技术虽在当时具有世界领先地位，但与今天的科技相比，差之千里。郑和下西洋使用的“宝船”（船长 148 米、宽 60 米）是当时世界上最大的木帆船，其控制原理主要依靠硬帆和旋转橹装置，而今天主要使用集装箱船，2017 年 6 月，中国远洋海运集团有限公司（以下简称“中远海运”）首艘 20 000 标准集装箱船出坞下水，是长达 400 米的钢铁船，使用丙级锅炉油液化天然气（LNG）双燃料驱动系统；在导航方面，古代使用指南针、罗盘等技术，现在使用卫星定位系统，加之互联网、物联网可以即时传输信息；码头装卸方面，古代只能依赖人工，今天则实现了机械化甚至智能化；等等。科技的巨大进步使得东西方经贸往来的效率得到了极大提高。

第二，货物贸易是古代海上丝绸之路的主要内容，以丝绸、瓷器、茶叶为主，由于科技的发展和经济社会的变迁，21 世纪海上丝绸之路的主要货物虽也有纺织服装，但是更有现代科技条件下的商品如机电、化工类产品等。古代海上丝绸之路因为货物贸易的原因，也会涉及文化交流、人员往来等，但是由于时代局限性，这些方面的交流规模与 21 世纪海上丝绸之路相比是不可同日而语的。

第三，古代海上丝绸之路虽有官方参与，但主要以民间经商为主，而 21 世纪海上丝绸之路是中国政府层面推动的新一轮开放的重大战略，围绕政策沟通、设施联通、贸易畅通、资金融通、民心相通，得到沿线多国政府的响应和支持，也将和沿线国家的相应发展战略对接，显示了正在崛起的中国对构建欧亚非战略空间合作与发展的使命感和责任感。

第四，从产业链角度来看，古代海上丝绸之路的时代谈不上什么工业体系，而到了 21 世纪，科技的进步催生现代工业体系。工业化的发展也要经历不同的发展阶段，根据有关资料显示，海上丝绸之路沿线国家中，总体上仍处于工业化进程中，处于工业化初期、中期、后期的国家都有，相比较而言，中国在海上丝绸之路沿线国家中工业化水平处于上游位置。从工业化的角度来看，中国提出了“一带一路”倡议，表明了中国工业化进程的外溢效应。我国产业转型升级将与海上丝绸之路沿线国家产业转型升级形成相辅相成、共融发展的局面，进而在以国际产业链重构为特征的新一轮全球发展周期中，强化垂直分工与水平分工的产业链国际合作，以核心价值环节嵌入国际产业链，重构产业国际竞争优势，打造互利共赢的海上丝绸之路沿线国家经济命运共同体。

就浙江而言，改革开放近40年来，浙江经济持续快速增长，成为我国最重要的制造业基地之一，为我国成为“世界工厂”贡献了重要力量，其制造业产业链体系完整，技术力量雄厚，劳动生产率高，综合配套能力强，产品在国际国内市场上竞争力强。在新一轮发展周期的国际产业链重构中势必要发挥重要作用。

第五，就国际港口联盟建设来看，古代海上丝绸之路虽然一度繁荣，但限于技术、经济社会发展水平等因素，国际港口合作内容很少，在宋代，泉州港与埃及亚历山大港并称当时世界超级大港，但很少有历史资料显示两大港口有合作的情况。而在21世纪海上丝绸之路建设中，港口合作及相关基础设施建设是重点合作内容。我国大型国企如中远海运、中国招商局集团（以下简称“招商局”）等在海上丝绸之路沿线港口建设中发挥了重要作用。据不完全统计，我国企业在海上丝绸之路沿线投资建设的港口从东向西依次包括新加坡大型集装箱码头、斯里兰卡的科伦坡国际集装箱码头以及南部的汉班托塔港、巴基斯坦的瓜达尔港、位于红海出入口的吉布提港、阿联酋的阿布扎比哈里发港口二期集装箱码头、土耳其伊斯坦布尔昆波特码头、希腊最大港口比雷埃夫斯港、尼日利亚拉各斯庭堪岛港口码头B、西非第二大码头多哥洛美港集装箱码头、荷兰鹿特丹EUROMAX集装箱码头等，浙江的宁波港集团也斥资5.9亿美元投资印度尼西亚最大货运港丹戎不碌港的扩展工程。我国发起成立的亚洲基础设施投资银行则为海上丝绸之路沿线港口建设提供了资金支持。

第六，古代海上丝绸之路发展过程中，我国一直处于世界领先地位，经济、科技等综合实力居世界首位，因而在古代海上丝绸之路的发展过程中几乎没有遇到国际大国博弈形成的阻力。21世纪海上丝绸之路的发展过程则刚好处于我国强势崛起的历史时期，“树大招风”导致的国际压力不断加大，海上丝绸之路沿线不少地区、港口也是大国博弈的集中区域，这也对海上丝绸之路沿线港口合作形成一定程度的阻碍。当然，合作共赢，构建人类命运共同体是大势所趋。

第二章　浙江省与21世纪海上丝绸之路沿线国家进出口贸易研究

港口经济的发展乃至国际港口联盟的构建是以货物贸易为基础的。浙江作为我国开放型经济的重要地区，自改革开放以来，国际贸易持续稳定发展，地位举足轻重。如何准确把握乃至利用新常态的发展特征，实现浙江开放型经济由高速增长向中高速的稳健增长的成功转型，是未来几年浙江经济发展的重要课题。就国内来看，短期内浙江制造业将出现传统产业快速转移且新兴产业接续不到位的现象，可能会带来经济、外贸增长乏力的问题；长期来看，浙江外贸也将随着制造业的转型升级由原来的快速粗放式增长进入提质转型发展阶段。就国际来看，国际市场不确定因素增多，尤其是欧美等发达国家作为浙江开放型经济的传统目标市场，经济复苏缓慢，贸易保护和贸易壁垒盛行，市场开拓难度较大，使得出口导向模式面临挑战。此外，由于“一带一路”倡议的实施，浙江与“一带一路”尤其是“21世纪海上丝绸之路”沿线国家的进出口贸易快速增长，为浙江外贸发展带来新的机遇。

第一节 与“一带一路”倡议相关的国际贸易理论研究

“一带一路”倡议提出之际，我国国内经济下行压力较大，产能过剩，国际贸易话语权争夺激烈，国际贸易规则面临重构。在此背景下，“一带一路”倡议已成为我国深化对外开放、主动参与全球经济治理的重要抓手，也获得了沿线很多国家的积极响应。但世界上存在着一些不协调的声音和论调，如：“一带一路”是不是新版的“马歇尔计划”，与其他区域经济合作机制是否有矛盾，等等。究竟如何从理论的角度看待“一带一路”倡议，使“一带一路”倡议成为中国主动参与全球经济治理和沿线国家分享经济发展成果的平台，这需要对“一带一路”倡议涉及的国际贸易理论进行探讨。

一、产业间贸易

（一）绝对成本论

绝对成本论是由英国古典经济学家亚当·斯密于18世纪提出。这一理论的主要观点是，一个国家或地区应根据自身的有利条件进行生产，使本国或本地区的劳动力、资本及各种资源得到最有效利用，然后通过交换互通有无，这样将提高生产率，增加财富。该理论的一个重要前提是自由贸易。

（二）比较成本论

比较成本论是由英国古典经济学家大卫·李嘉图于 19 世纪提出。这一理论是亚当·斯密的绝对成本论的进一步发展。认为一个国家或地区即使没有生产成本绝对低的产业优势，但应该有对自身来说生产成本相对较低的产业，只要将资源集中于生产成本相对较低的产业组织生产，即所谓“两优择其甚，两劣权其轻”，就可以生产出产品与其他国家交易，交易双方也都能获益。

（三）要素禀赋理论

1933 年，赫克歇尔和俄林提出要素禀赋理论，该理论认为，一国比较优势由其要素禀赋决定，比如，劳动力相对丰裕进而便宜的国家，在生产劳动密集型产品上具有成本和价格的相对优势，应集中力量专业化生产并出口劳动密集型产品，进口资本密集型产品。

二、产业内贸易

要素禀赋理论对产业间贸易具有很好的解释力，但产业间贸易只是当今国际贸易很小的一部分，更多的是产业内贸易。为弥补这一不足，就需要新的国际贸易理论来解释这一新现象。现代国际贸易决定理论正是建立在规模报酬可变、不完全竞争和各国技术发展差异等更贴近现实的假设基础上的，主要包括外部规模经济与国际贸易理论、差异化产品、内部规模经济与产业内贸易理论、需求重叠与产业内贸易理论以及产品生命周期理论等。

三、国际贸易相关理论述评

综观上述国际贸易理论，笔者发现经济学家们都强调一个前提，就是贸易自由化。在区域一体化研究方面，无论是西方还是我国区域经济一体化理论的研究，都旨在减小乃至消除区域经济合作（尤其是国际贸易）的障碍。而这种区域经济合作的障碍主要包括两方面：一是自然条件的障碍，如空间距离遥远等；二是社会环境的障碍，如贸易壁垒等；减轻自然条件造成障碍方面的实践如进行交通基础设施建设，减少社会环境障碍的典型实践如成立关税同盟等。关于这方面的研究，目前主要着眼于社会环境方面，对减轻自然条件造成障碍方面的区域经济一体化的理论研究文献并不多见，而我国倡导的“一带一路”倡议正是着眼于以减轻自然条件造成障碍为侧重，即注重交通基础设施建设。在减少社会环境障碍方面，西方学者基于欧盟等成功的实践，着眼于国际合作研究的成果较为丰硕；国内学者则着眼于国内的区域合作，研究尺度普遍小于国外学者，从研究成果来看，也还未形成相对成熟的区域经济一体化理论。但是，总体来说，无论是国内的还是西方的研究成果，对于构建我国与“一带一路”沿线国家的经济共同体，建设国际港口联盟，都有着重要的理论指导作用。

国际贸易理论，包括产业间贸易和产业内贸易的相关理论，其研究都着眼于本国本地区的生产优势。这种优势可以是生产成本优势（绝对或相对），也可以是资源禀赋、规模经济乃至产品差异化，总之，国际贸易相关理论都认为各国、各地区应将资源集中于自身的优势产业进行生产，然后交换，交易双方都能获益。这些理论比较适合发达国家，对发展中国家而言，在其工业化初期，其产品在国际市场上缺乏竞争力，要打开国门发展开放型经济，会很容易成为工业强国的资源供应国，所以是要慎之又慎的。

我国改革开放的历程是值得深入探讨的。1978 年我国工业制造发展水平与西方发达国家相比，差距是不容置疑的，但是当时改革开放总设计师邓小平敢于作出开放的决策。近 40 年来我国工业经济非但没有在国际国内两个市场竞争中被击垮，反而迅速崛起，经济总量全球第二，我国工业产业也逐渐发展壮大，目前已经加快了“走出去”的步伐。应该说，我国的经济发展创造了发展中国家在工业产业落后的情况下主动开放进而迅速崛起的奇迹。探究其原因，笔者以为，这和我国国情密切相关。我国最大的国情是人口多，拥有世界最大的市场。大而有容，对各行业来说，这么大的市场容量是可以容纳众多企业发展壮大的，竞争也不必是你死我活的零和博弈，实际上，近 40 年来，进口商品的消费者往往是高收入人群，而国货的消费者则往往是中低收入人群。庞大的中低收入人群消费支撑着民族工业的发展壮大，越来越多的高收入人群支撑着进口高档品牌的发展，这样，在这个世界最大的市场里，民族工业与世界品牌共生共存共发展，无须进行零和博弈。笔者认为这是我国敢于在工业产业条件下对外开放并取得经济发展辉煌成就的根本原因之一。

现在，我国提出“一带一路”倡议，就是要将这一市场优势扩大到沿线国家，为沿线发展中国家经济起飞提供中国智慧。实施这一倡议，对我国在经济发展新起点上深化开放，拓展经济发展空间，促进区域经济发展乃至推动世界经济走出低谷具有十分重要的意义。

第二节　浙江省国际贸易优势概述

一、产业基础

经过多年发展，浙江地区产业在完成工业化早期结构转换的基础上，产业结构持续优化，从以制造业为主向服务业和制造业并重发展转变，产业结构优化速度加快，产业升级转型的主观意识增强。近年来，浙江地区在原有的块状经济基础上，已经形成了具有一定规模的以区域性主导产业—产业链—企业集团为特征的产业聚集群。浙江产业显著特征是工业体系完整，综合配套能力强，技术力量雄厚，劳动生产率高，产品竞争力强，有众多的行业企业是全国领军者。作为我国名列前茅的综合性工业基地，工业制造业以化学工业，纺织业，通用、专用设备制造业和电气机械及器材制造等为主。近年来，浙江产业发展呈现以下一些趋势：一是轻工业发展速度放缓，重工业加快发展，轻工类中占主导地位的纺织业发展速度明显降低，而在消费升级的刺激下，电子、钢铁、建筑、机械等重工业获得了发展的加速度；二是高新技术产业发展速度也明显提升，目前浙江已经形成了高新技术产业园和特色产业基地并驾齐驱的格局。总体来说，浙江制造业正由劳动力密集型向资本密集型转化。

二、国际贸易优势

改革开放以来，浙江各级政府积极推动开放型经济发展，大力扶持外贸企业发展，使得浙江外贸取得长足发展。总量来看，浙江外贸占全国的比重呈上升趋势（表2－1）。

表2－1　浙江历年进出口总额及其在全国的比重

年份	浙江	全国	浙江占比（%）	年份	浙江	全国	浙江占比（%）
2000	278.3	4 743	5.87	2009	1 877	22 072	8.50
2001	328	5 098	6.43	2010	2 535	29 728	8.53
2002	420	6 208	6.77	2011	3 094	36 421	8.50
2003	614.2	8 512	7.22	2012	3 122.4	38 668	8.07
2004	852.3	11 548	7.38	2013	3 358	258 267	
2005	1 074	14 221	7.55	2014	3 551.5	264 334	
2006	1 391.5	17 607	7.90	2015	21 566	245 741	8.78
2007	1 768.4	21 738	8.14	2016	22 202	243 386	9.12
2008	2 111.5	25 616	8.24				

数据来自中华人民共和国及浙江省历年统计公报。表中的单位：浙江省，2014年以前单位为亿美元，2015年以后单位为亿元；全国，2012年以前单位为亿美元，2013年以后单位为亿元。2013、2014两年单位不统一，没有可比性。

从表2－1可见，浙江外贸进出口总额占全国的比重从2000年的5.87%上升到2016年的9.12%，2000年以来呈现稳步攀升态势。

再看浙江省外贸产品结构，出口产品中，工业制成品占比较大，初级品占比处于绝对弱势。以2016年为例，浙江省工业制成品出口额为17 155亿元，占外贸出口总额的97.1%。2007—2016年浙江出口主要产品见表2－2。

表 2－2　2007—2016 年浙江出口主要产品

年份	机电产品		纺织纱线、织物及制品		服装及衣着附件		高新技术产品		农副产品	
	数值	占比（%）	数值	占比（%）	数值	占比（%）	数值	占比（%）	数值	占比（%）
2007	555. 8	43. 33	170	13. 25	185. 9	14. 49	101. 7	7. 93	72. 3	5. 64
2008	680. 5	44. 11	206. 7	13. 4	215. 8	13. 4	137. 2	8. 89	76. 8	4. 98
2009	555. 1	41. 73	190. 2	14. 3	207. 4	15. 59	98. 7	7. 42	67. 4	5. 07
2010	791. 2	43. 84	248. 6	13. 78	249	13. 78	147. 3	8. 16	83	4. 6
2011	924. 2	42. 57	311. 1	14. 33	291. 4	13. 42	153. 4	7. 07	96. 6	4. 45
2012	959	42. 71	312. 6	13. 92	285. 4	12. 71	148	6. 59	97. 2	4. 33
2013	1 015. 5	40. 82	353. 7	14. 22	318. 8	12. 81	142. 7	5. 74	100. 5	4. 04
2014	1 124. 9	41. 16	376. 9	13. 79	332. 8	12. 18	155	5. 67	102. 8	3. 76
2015	7 231. 7	42. 13	2 254. 6	13. 15	2 006. 9	11. 70	1 043. 4	6. 08	615. 5	3. 59
2016	7 490. 5	42. 4	2 293. 9	12. 98	1 961. 9	11. 11	1 111. 7	6. 29	624. 1	3. 53

数据来自浙江省年鉴，2015—2016 年的单位为亿美元，2014 年以前单位为亿元。

由表2－2可以看到，机电产品、纺织、服装产品是浙江出口的主打产品，此外，近十年来高新技术产品出口所占比重也比较稳定。

2007—2016年浙江进口主要产品见表2－3。

由表2－3可知，浙江进口产品中，机电产品占比呈下降态势，但仍占据第一位，农副产品占比呈上升态势，高新技术产品进口占比较为稳定，初级形状的塑料进口占比略呈上升态势，铁矿砂及其精矿进口占比上升态势较为明显。

浙江产品主要出口市场见表2－4。

由表2－4可知，浙江出口市场以欧盟、美国为主，其中，欧盟略呈下降态势，其原因与欧盟不承认我国市场经济地位及近年来反全球化有关，美国市场相对比较稳定，东盟国家由于近年来经济发展势头较好，且与我国“一带一路”倡议契合，在我国产品出口市场中呈上升态势，俄罗斯市场较为平稳，日本市场略呈下降态势。

浙江进口商品主要来源地见表2－5。

表2－5显示，在近10年来，浙江进口商品主要来源地结构变化较为明显。2007年，进口商品来源地依次为日本、中国台湾、韩国、欧盟、东盟；2016年，则依次为东盟、欧盟、日本、中国台湾、韩国。其中，东盟由第五位上升到第一位，这同样与东盟经济发展势头良好及我国实施“一带一路”倡议有关，欧盟由第四位上升为第二位，也与我国实施“一带一路”倡议有关，日本则由第一位下降至第三位，中国台湾由第二位下降至第四位，韩国则由第三位降至第五位。

表 2－3　2007—2016 年浙江进口主产商品

年份	机电产品		农副产品		高新技术产品		初级形状的塑料		铁矿砂及其精矿	
	数值	占比(%)	数值	占比(%)	数值	占比(%)	数值	占比(%)	数值	占比(%)
2007	137.9	28.38	38.4	7.90	53.5	11.01	30.9	6.36	11	2.26
2008	150.2	26.42	47.5	8.36	86.5	15.22	36.2	6.37	31.1	5.47
2009	119	21.75	37	6.76	61.7	11.27	50	9.14	35.8	6.54
2010	163.1	22.32	56.5	7.73	89.6	12.26	54.6	7.47	45.8	6.27
2011	180.4	19.39	71.3	7.66	96.7	10.39	61.1	6.57	71.7	7.71
2012	159.1	18.10	73.6	8.37	87.5	9.96	65.4	7.44	65.5	7.45
2013	149.5	17.18	73.8	8.48	76.6	8.80	67.9	7.80	77.2	8.87
2014	145.1	17.76	78.4	9.59	82	10.03	65.5	8.02	62.7	7.67
2015	822.6	18.73	516.3	11.76	47.2	10.74	373	8.49	222.3	5.06
2016	853.5	18.82	550.4	12.14	52.8	11.64	375.2	8.27	291.5	6.43

数据来自浙江省年鉴，2015—2016 年的单位为亿美元，2014 年以前单位为亿元。

表 2-4　2007—2016 年浙江主要出口市场

年份	欧盟		美国		东盟		日本		俄罗斯	
	数值	占比(%)	数值	占比(%)	数值	占比(%)	数值	占比(%)	数值	占比(%)
2007	340.7	26.56	246.4	19.21	70.9	5.53	88.2	6.88	31.3	2.44
2008	426.5	27.65	265.4	17.20	87.4	5.67	99.6	6.46	42.7	2.77
2009	360.7	27.12	230.5	17.33	80.4	6.04	89.1	6.70	28.2	2.12
2010	483.2	26.78	304.5	16.87	110.1	6.10	105.5	5.85	51.1	2.83
2011	557.7	25.78	349.2	16.14	147.5	6.82	133.4	6.17	70.1	3.24
2012	505.6	22.52	381.7	17.00	169.6	7.55	134.5	5.99	79.8	3.55
2013	544.5	21.89	414	16.64	201.7	8.11	133.1	5.35	93.0	3.74
2014	626.7	22.93	461.5	16.88	227	8.31	127.1	4.65	93.3	3.41
2015	3 761.4	21.91	3 041.5	17.71	1 501.9	8.75	737.4	4.29	418.5	2.44
2016	3 947.3	22.34	3 249.6	18.39	1 614.4	9.14	747.4	4.23	445.9	2.52

数据来自浙江省年鉴，2015—2016 年的单位为亿美元，2014 年以前单位为亿元。

表 2－5　2007—2016 年浙江进口商品主要来源地

年份	中国台湾		日本		韩国		欧盟		东盟	
	数值	占比(%)	数值	占比(%)	数值	占比(%)	数值	占比(%)	数值	占比(%)
2007	73.3	15.09	77.7	15.99	60.4	12.43	59.3	12.21	48.4	9.96
2008	90.3	15.89	89.4	15.73	68.6	12.07	65.6	11.54	50.8	8.94
2009	77.4	14.14	79.1	14.45	58.4	10.67	64.4	11.77	44.4	8.11
2010	101.8	13.93	100.2	13.71	63.5	8.69	93.8	12.84	68.7	9.40
2011	112.3	12.07	118.5	12.74	87.2	9.37	111.8	12.02	106.5	11.45
2012	108.8	12.38	112.6	12.81	84	9.56	103	11.72	113.4	12.90
2013	110.1	12.65	101.5	11.66	74.4	8.55	101.8	11.70	117	13.44
2014	98.5	12.05	93	11.38	73.4	8.98	96.6	11.82	105	12.85
2015	494.3	11.25	493.1	11.23	354.2	8.06	539.1	12.27	555.3	12.64
2016	444.9	9.81	496.8	10.95	404.9	8.93	584.4	12.88	586.2	12.92

数据来自浙江省年鉴，2015—2016 年的单位为亿美元，2014 年以前单位为亿元。

三、跨境电商优势

根据《中国跨境电子商务发展蓝皮书（2015）》[1]，作为我国传统工业重要基地和开放型经济最发达的区域之一，浙江目前居于跨境电商发展的第一阵营。从城市看，浙江拥有我国6个跨境电商试点城市中的2个（杭州、宁波）。2016年，杭州获批中国跨境电子商务综合试验区，带动浙江省内企业借势密集布局跨境电商，通过建海外仓、打造自己的运作平台谋取转型；从平台来看，杭州的跨境电商规模已达124家，阿里巴巴旗下的天猫国际以25.7%的市场占有率位居第一，宁波则有117家平台；从跨境电商企业数量看，浙江位列第五位，从跨境电商交易额看，浙江位列第三位。2015年，杭州、宁波等城市出口订单和货值呈百倍增长，以杭州为例，在杭州中国跨境电子商务综合试验区成立一周年之际，全年引进366家跨境电商产业链企业，包括99家龙头企业，一批知名电商如京东、敦煌网投资项目纷纷入驻，形成了一个互联互通、共生共荣、更有活力的跨境电商生态圈，其跨境电商交易规模快速增长至34.64亿美元，其中出口22.73亿美元，进口11.19亿美元，构建了以跨境B2B为主导产业体系的“杭州模式”。种种迹象显示，浙江其他城市均有意布局跨境电商的外贸转型，切入点主要依托产业升级和政策倾斜。作为经济发展势头强劲的地区，浙江这种在跨境电商中的先发优势还将延续。

1　2016（上海）国际电子商务博览会：《中国跨境电子商务发展蓝皮书（2015）》。

第三节　浙江省与海上丝绸之路沿线国家贸易现状分析

一、浙江省与海上丝绸之路沿线国家贸易现状分析

笔者采集杭州海关[1]与21世纪海上丝绸之路沿线国家进出口数据进行分析。根据浙江省商务厅网站，浙江省的主要贸易国有20个，其中，有9个国家是21世纪海上丝绸之路沿线国家，鉴于21世纪海上丝绸之路沿线国家经济贸易发展水平参差不齐的现状，笔者选取2016年与浙江省进出口贸易额前3名的国家，依次为越南、印度尼西亚、泰国以及后3名国家，依次为沙特阿拉伯、伊朗、南非共6个国家作为分析样本，采用产业内贸易指数作为衡量标准，其公式为

$$T=1-|X-M|/(X+M)$$

式中：X和M分别表示某一特定产业或某一类商品的出口额和进口额，并且对$X-M$取绝对值。T的取值范围为0到1。

这样，浙江与越南2016年进出口情况见表2-6。浙江与印度尼西亚2016年进出口情况见表2-7。浙江与泰国2016年进出口情况见表2-8。浙江与沙特阿拉伯2016年进出口情况见表2-9。浙江与伊朗2016年进出口情况见表2-10。浙江与南非

1　杭州关区的进出口统计数据包含宁波关区，即为浙江全省进出口数据。

2016年进出口情况见表2-11。

表2-6至表2-12中各类代表内容如下：第一类，活动物，动物产品；第二类，植物产品；第三类，动、植物油、脂及其分解产品，精致的食用油脂，动、植物蜡；第四类，食品，饮料、酒及醋，烟草、烟草及烟草代用品的制品；第五类，矿产品；第六类，化学工业及其相关工业的产品；第七类，塑料及其制品，橡胶及其制品；第八类，生皮、皮革、毛皮及其制品，鞍具及挽具，旅行用品、手提包及类似容器，动物肠线（蚕胶丝除外）制品；第九类，木及木制品，木炭，软木及软木制品，稻草、秸秆、针茅或其他编结材料制品，篮筐及柳条编结品；第十类，木浆及其他纤维状纤维素浆，纸及纸板的废碎品，纸、纸板及其制品；第十一类，纺织原料及纺织制品；第十二类，鞋、帽、伞、杖、鞭及其零件，已加工的羽毛及其制品，人造花，人发制品；第十三类，石料、石膏、水泥、石棉、云母及类似材料的制品，陶瓷产品，玻璃及其制品；第十四类，天然或养殖珍珠、宝石或半宝石、贵金属、包贵金属及其制品，仿首饰，硬币；第十五类，贱金属及其制品；第十六类，机器、机械器具、电气设备及其零件，录音机及放声机、电视图像、声音的录制和重放设备及其零件、附件；第十七类，车辆、航空器、船舶及有关运输设备；第十八类，光学、照相、电影、计量、检验、医疗或外科用仪器及设备、精密仪器及设备，钟表，乐器，上述物品的零件、附件；第十九类，武器、弹药及其零件、附件；第二十类，杂项制品；第二十一类，艺术品、收藏品及古物；第二十二类，特殊交易品及未分类商品。

表2-6　浙江与越南2016年进出口情况

贸易状况	品类	累计出口金额（美元）	累计进口金额（美元）	产业内贸易指数
贸易逆差	第八类	1 263 203	7 942 366	0. 274
	第七类	61 306 422	359 498 612	0. 291
	第十四类	59 692	181 150	0. 496
	第十二类	1 117 790	2 531 726	0. 613
	第四类	1 910 185	3 848 637	0. 663
	第九类	1 855 595	2 630 933	0. 827
	第二类	2 919 023	3 877 616	0. 859
贸易顺差	第十一类	445 331 665	110 833 538	0. 399
	第二十类	14 230 650	1 218 452	0. 158
	第十八类	8 580 565	596 601	0. 130
	第一类	39 245 251	1 645 006	0. 080
	第十六类	303 654 409	12 623 954	0. 080
	第二十二类	247 008	9 328	0. 073
	第十类	16 251 055	63 263	0. 008
	第六类	68 604 417	245 969	0. 007
	第十三类	12 872 344	45 377	0. 007
	第十七类	4 002 477	11 121	0. 006
	第十五类	441 833 277	609 559	0. 003
	第三类	10 740	0	0
	第五类	2 292 201	0	0

表 2-7 浙江与印度尼西亚 2016 年进出口情况

贸易状况	品类	累计出口金额（美元）	累计进口金额（美元）	产业内贸易指数
贸易逆差	第三类	0	113 600 189	0.000
	第五类	280 878	197 552 748	0.003
	第九类	115 413	11 693 427	0.020
	第二类	254 019	1 268 973	0.334
	第十类	4 295 852	13 236 847	0.490
	第八类	1 578 402	3 481 735	0.624
	第七类	35 074 445	48 651 639	0.838
贸易顺差	第六类	108 932 888	46 734 763	0.600
	第十八类	25 511 443	9 521 195	0.544
	第十二类	3 816 911	9 28 524	0.391
	第四类	4 075 672	947 193	0.377
	第一类	6 499 637	1 029 471	0.273
	第二十类	25 031 747	2 601 216	0.188
	第十一类	240 120 159	9 100 020	0.073
	第十六类	247 789 583	6 492 124	0.051
	第二十二类	681 978	4 622	0.013
	第十三类	10 571 970	56 376	0.011
	第十五类	188 749 238	385 164	0.004
	第十七类	11 497 484	840	0.000
	第十四类	90 549	0	0.000
	第二十一类	29	0	0.000

表 2-8　浙江与泰国 2016 年进出口情况

贸易状况	品类	累计出口金额（美元）	累计进口金额（美元）	产业内贸易指数
贸易逆差	第二十一类	0	1 551	0.000
	第十四类	44 742	1 752 458	0.050
	第三类	98 115	2 313 988	0.081
	第五类	677 108	5 593 651	0.216
	第二类	5 026 832	36 873 121	0.240
	第一类	432 450	1 242 670	0.516
	第七类	59 286 365	150 762 431	0.565
	第六类	119 679 760	122 109 211	0.990
贸易顺差	第九类	1 087 150	696 217	0.781
	第四类	10 133 384	5 695 096	0.720
	第十八类	18 109 327	7 539 703	0.588
	第八类	5 559 887	1 227 871	0.362
	第十六类	305 603 994	61 611 819	0.336
	第二十类	38 071 633	7 487 632	0.329
	第十一类	108 495 476	13 773 113	0.225
	第十三类	10 601 374	1 213 498	0.205
	第十类	5 891 301	434 790	0.137
	第十五类	73 410 268	4 880 664	0.125
	第十二类	4 473 610	51 216	0.023
	第二十二类	1 651 216	15 406	0.018
	第十七类	9 155 999	66 545	0.014

表 2－9　浙江与沙特阿拉伯 2016 年进出口情况

贸易状况	品类	累计出口金额（美元）	累计进口金额（美元）	产业内贸易指数
贸易逆差	第五类	47 337	23 538 173	0.004
	第六类	17 071 779	206 972 738	0.152
	第七类	35 184 024	73 295 601	0.649
贸易顺差	第十类	14 062 442	1 019 539	0.135
	第二十二类	1 041 457	318	0.001
	第一类	2 250	0	0
	第二类	20 400	0	0
	第三类	1 360	0	0
	第四类	191 347	0	0
	第八类	13 670 283	0	0
	第九类	2 520 252	0	0
	第十一类	129 729 567	0	0
	第十二类	10 649 464	0	0
	第十三类	15 656 251	0	0
	第十四类	1 600 242	0	0
	第十五类	77 834 482	0	0
	第十六类	91 793 848	0	0
	第十七类	9 638 452	0	0
	第十八类	17 713 672	0	0
	第二十类	73 293 674	0	0

表 2－10　浙江与伊朗 2016 年进出口情况

贸易状况	品类	累计出口金额（美元）	累计进口金额（美元）	产业内贸易指数
贸易逆差	第二十一类	0	206 488	0.000
	第五类	455 631	1 218 498 709	0.001
	第二类	9 358 563	13 192 520	0.830
	第七类	150 230 274	202 486 981	0.852
贸易顺差	第六类	258 218 607	128 957 428	0.666
	第十五类	365 970 268	4 921 855	0.027
	第九类	2 311 442	17 363	0.015
	第二十二类	87 740	231	0.005
	第十一类	598 210 379	118 673	0.000 4
	第十六类	1 008 603 061	152 258	0.000 3
	第三类	822 934	0	0
	第四类	12 803 443	0	0
	第八类	5 792 478	0	0
	第十类	204 230 251	0	0
	第十二类	12 098 465	0	0
	第十三类	67 276 984	0	0
	第十四类	2 206 684	0	0
	第十七类	274 379 789	0	0
	第十八类	72 558 826	0	0
	第十九类	150 160	0	0
	第二十类	119 498 957	0	0

表 2-11　浙江与南非 2016 年进出口情况

贸易状况	品类	累计出口金额（美元）	累计进口金额（美元）	产业内贸易指数
贸易逆差	第二十一类	0	201	0.000
	第五类	5 297	68 477 968	0.000
	第二类	260 672	964 141	0.426
	第十类	2 472 046	3 552 865	0.821
贸易顺差	第四类	1 524 139	1 141 477	0.856
	第六类	24 105 921	1 373 327	0.108
	第七类	16 998 797	291 009	0.034
	第十七类	9 570 446	82 555	0.017
	第十一类	108 271 545	860 330	0.016
	第十八类	13 638 012	55 984	0.008
	第二十二类	303 093	865	0.006
	第十五类	39 525 689	97 500	0.005
	第十六类	111 185 372	227 290	0.004
	第八类	6 371 123	3 350	0.001
	第十三类	4 372 837	500	0.000 2
	第二十类	31 906 186	1 643	0.000 1
	第一类	74 393	0	0
	第三类	524	0	0
	第九类	1 578 849	0	0
	第十二类	27 822 267	0	0
	第十四类	358 047	0	0

笔者暂定产业内贸易指数大于或等于0.5为严重产业内贸易，产业内贸易指数大于或等于0.1，小于0.5为一般产业内贸易，产业内贸易指数小于0.1为轻微产业内贸易，产业内贸易指数为0时指不存在产业内贸易，这样，将浙江与上述6个国家进出口贸易情况汇总分析见表2－12。

由表2－12可知，越南、印度尼西亚、泰国工业产品门类较多，与浙江在诸多行业形成严重产业内贸易，因而互相之间的贸易额较大，沙特阿拉伯、伊朗、南非3个国家工业门类不齐全，因而与浙江形成产业内贸易的行业不多，浙江有诸多行业与这3个国家不存在产业内贸易，因而互相之间的贸易额较小。

从浙江重点行业看，机电、化工、纺织三类产品与上述6个国家的贸易情况见表2－13。

由表2－13可知，在浙江三大主导产业中，机电产品、纺织产品在上述6个21世纪海上丝绸之路沿线国家都是贸易顺差，具有绝对的竞争优势，仅与泰国、越南形成一般程度的产业内贸易，与其他5国只存在轻微的产业内贸易或不存在产业内贸易；化工产品则不具有竞争优势，其中与泰国、沙特阿拉伯形成贸易逆差，与印度尼西亚、伊朗虽有顺差，但竞争激烈。

二、浙江与21世纪海上丝绸之路沿线国家贸易发展对策研究

总体来说，笔者认为：针对21世纪海上丝绸之路沿线国家不同的产业梯度以及其与浙江地区产业不同的竞争状态，对产业内贸易指数高的行业，比如化工产品，应着重进行产品创新；对

表 2－12　浙江与 6 个国家进出口贸易情况汇总分析

		越南	印度尼西亚	泰国	沙特阿拉伯	伊朗	南非
严重产业内贸易商品类别	逆差	第二类、第九类、第四类、第十二类	第七类、第八类	第六类、第七类、第一类	第七类	第七类、第二类	第十类
	顺差		第六类、第十八类	第九类、第四类、第十八类		第六类	第四类
一般产业内贸易商品类别	逆差	第十四类、第七类、第八类	第十类、第二类	第二类、第五类	第六类		第二类
	顺差	第十一类、第二十类、第十八类	第十二类、第四类、第一类、第二十类	第八类、第十六类、第二十类、第十一类、第十三类、第十类、第十五类	第十类		第六类

续表

		越南	印度尼西亚	泰国	沙特阿拉伯	伊朗	南非
轻微产业内贸易	逆差		第九类、第五类、第三类	第三类、第十四类、第二十一类	第五类	第五类	第五类
	顺差	第一类、第十六类、第二十二类、第十类、第六类、第十三类、第十七类、第十五类、第三类、第五类	第十一类、第十六类、第二十二类、第十三类、第十五类、第十七类、第十四类、第二十一类	第十二类、第二十二类、第十七类	第二十二类	第十五类、第九类、第二十二类、第十一类、第十六类	第七类、第十七类、第十一类、第十八类、第二十二类、第十五类、第十六类、第八类、第十三类、第二十类
不存在产业内贸易	逆差					第二十一类	第二十一类
	顺差				第一类、第二类、第三类、第四类、第八类、第九类、第十一类、第十二类、第十三类、第十四类、第十五类、第十六类、第十七类、第十八类、第二十类	第三类、第四类、第八类、第十类、第十二类、第十三类、第十四类、第十七类、第十八类、第十九类、第二十类	第一类、第三类、第九类、第十二类、第十四类

表 2－13　浙江三大行业与 6 个国家进出口贸易情况

	越南		印度尼西亚		泰国		沙特阿拉伯		伊朗		南非	
	产业内贸易程度	贸易状况	产业内贸易程度	贸易状况	产业内贸易程度	贸易状况	产业内贸易程度	贸易状况	产业内贸易程度	贸易状况	产业内贸易程度	贸易状况
机电产品	轻微	顺差	轻微	顺差	一般	顺差	无	顺差	轻微	顺差	轻微	顺差
纺织产品	一般	顺差	轻微	顺差	一般	顺差	无	顺差	轻微	顺差	轻微	顺差
化工产品	轻微	顺差	严重	顺差	严重	逆差	一般	逆差	严重	顺差	一般	顺差

产业内贸易指数较低、互补性强的行业，比如机电、纺织类产品，在21世纪海上丝绸之路沿线国家具有较强的竞争优势，则应着眼于利用21世纪海上丝绸之路带来的机遇，着力拓展新兴国家市场，继续巩固其在全球市场的主导地位。相应的思路模式如图2－1所示。

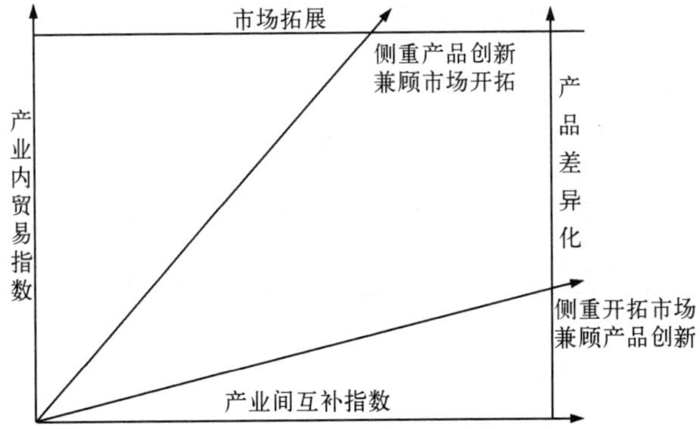

图2－1　基于产业内贸易指数的国际贸易发展思路模式

（一）增强市场拓展能力，提升浙货市场占有率

推动企业灵活运用营销网络、跨境电商、展会等各种方式拓展21世纪海上丝绸之路沿线国家市场，力争扩大轻工类主导产品在这些国家的出口市场份额。鼓励企业加快21世纪海上丝绸之路沿线国家营销网点布局，支持轻工类主导产品市场如义乌小商品城、海宁皮革城等赴21世纪海上丝绸之路沿线国家开设分市场、产品配送中心，完善境外销售渠道、海外仓和售后服务网络。推进浙江产品品牌进入21世纪海上丝绸之路沿线国家物流节点城市集中展示和销售；大力发展跨境电商，引导有能力的电

商企业拓展21世纪海上丝绸之路沿线国家业务，构建21世纪海上丝绸之路沿线国家的网络销售体系；针对中国展会国际影响力不高的现状，着力实施展会开拓市场工程，重点组织21世纪海上丝绸之路沿线有影响力的国际性、区域性展会，积极提升浙江主办的重大展会的办展质量和国际影响力。

（二）注重产品差异化经营，提升浙货市场竞争力

提高轻工类主导产品的创新能力和差异化经营能力。需要特别指出的是，考虑到21世纪海上丝绸之路沿线国家经济发展水平和消费者的偏好，当前条件下的产品创新不是指一味地进行科技创新、增加产品附加值，而是要突出产品的差异化和对当地消费者偏好的适应性。鉴于品牌营销是产品差异化营销的有效手段，要注重打造品牌。支持出口企业注册国际商标、申请国际专利和国际知识产权保护，积极培育省级、国家级出口名牌产品，打造一批在21世纪海上丝绸之路沿线国家具有影响力的外贸企业和产品品牌。对于在21世纪海上丝绸之路沿线国家竞争激烈的化工产品，要注重产品结构调整，强化化工产品深加工，拓展精细化工产品链，加强市场分析和出口组织协调能力。注重分析21世纪海上丝绸之路沿线国家消费者需求特征和文化、心理差异，避免浙货品牌在这些国家出现“水土不服”的现象。

（三）着力优化贸易结构，推出浙货“新面孔”

纺织、化工等劳动力密集产品是一个国家或地区发展工业初期的首选方向。从中长期来看，在21世纪海上丝绸之路沿线国家的工业化进程中，未来这类行业势必蓬勃发展，竞争势必越来越激烈。因此，有必要逐步调整产业结构。一方面，加快运用现代技术改造传统产业，积极推广国际通行的质量管理体系，提升劳动密集型产品质量、档次和技术含量；另一方面，不断推出“新面孔”的产品，利用浙江综合配套能力强、技术力量雄厚、劳动生产率高等优势，加快发展生物医药、轨道交通、通信、汽车、船舶、机电设备等资本技术密集型产品，培育大型成套设备等新的出口拳头产品，推动出口产品迈向中高端，抢先占领产业链“制高点”。

第三章　浙江省港口参与国际港口联盟建设问题研究

2015 年 3 月，国家发展改革委、外交部和商务部共同发布了《推动共建丝绸之路经济带和 21 世纪海上丝绸之路的愿景与行动》，其中的框架思路提到，21 世纪海上丝绸之路力图将贸易从中国沿海港口经过南海引向印度洋，并延伸至欧洲。要实现这一目标，文件提出要“以重点港口为节点，共同建设通畅安全高效的运输大通道”。而要建设这样的“海上运输大通道”，构建沿线港口的国际联盟就成了必由之路。

就港口联盟的构建来说，世界各地以区域性国际航运中心的港口为主、以地区性枢纽港和支线港为辅的港口网络正在形成和发展。美国纽约 - 新泽西港、德国汉堡 - 不来梅港和日本东京湾港口群等国外港口协同竞争的成功经验值得我国港口借鉴。

从技术条件、制度因素来看，目前我国通关的信息平台是电子口岸。海关、检验检疫、外经贸以及货代、外贸、船公司等各类企业已实现联网运营。2017 年，海关总署实施全国通关一体化改革，海关这一改革以信息技术为手段，推动沿海港口经济腹地向中西部伸展。进一步的发展就是建立沿海各港口与内地港口共享信息平台，进行信息资源整合，建立无水港机制，实现港航物流、政府监管等信息共享和应用体系。换而言之，我国港口联盟构建的技术条件、体制机制已对国际港口联盟的构建提供了一定程度上的有利条件。

在港口建设中，作为近年来连续问鼎世界港口吞吐量首位的宁波港与舟山港的合并意味着浙江省乃至我国向构建港口联盟迈出了实质性的步伐。随着我国“一带一路”倡议构想的启动，2015 年，浙江还将整合各类港口资源，联合“一带一路”沿线各国港口，组建国际港口联盟。宁波市已经明确了建设 21 世纪海上丝绸之路先行区的战略，组织相关部门进行前期调研，并及时与国家发展改革委等部门沟通，争取将国家战略覆盖宁波。为此，宁波计划加快与东盟国家海运通道建设，推进 21 世纪海上丝绸之路沿海港口互联互通，积极发挥宁波作为亚太经济合作组织（APEC）港口服务网络秘书处成员单位的作用，扩大港口开放合作，推动完善中国 - 东盟港口城市合作网络和机制，加快与东盟港口建立友好港口，鼓励宁波企业到东盟国家参股港口建设；构建 21 世纪海上丝绸之路客货运“穿梭巴士”，促进相互贸易往来；开通海上邮轮，形成海上丝绸之路旅游圈；积极推进“海上驿站”建设，为海上丝绸之路提供安全的通道保障。

综上所述，抓紧进行 21 世纪海上丝绸之路背景下浙江省港口参与国际港口联盟建设问题研究，是省海洋经济学科的一大紧迫任务。

第一节　港口联盟及海上丝绸之路相关文献研究

后金融危机时代，世界经济缓慢复苏，欧洲深陷主权债务危机，美国重返亚太，日本军国主义抬头，我国南海、东海，乌克兰，叙利亚等局部政治军事风险加剧，21 世纪海上丝绸之路建设是在这样的全球背景以及中国对外开放深入的背景下提出的重要的国家发展构想，其宗旨是寻求建立海上互联互通、港口城市合作机制以及通过海洋经济合作等途径，实现海上丝绸之路沿线国家的区域协同发展格局，乃至实现区域经济一体化，最终形成海上“丝绸之路经济带”，为中国乃至世界经济的持续发展注入新的活力。

本章的理论研究拟从微观经济学和中观经济学的视角，着眼港口及港口城市在区域经济中的辐射带动作用，就港口联盟建设的理论依据与动因进行梳理和分析，包括交易成本理论、战略联盟理论、价值链理论、资源依附学说、规模经济理论、区域经济一体化、区域协同机制以及海上丝绸之路这一领域的相关研究文献，对 21 世纪海上丝绸之路的构想内涵、实现路径和政策进行研究，尝试为 21 世纪海上丝绸之路的建设实践提供决策指引。

一、关于港口联盟的研究

（一）港口联盟的经济学理论依据与动因分析

港口联盟是两个或两个以上港口之间或港口企业的特定事业/职能部门之间，为达到共享市场、共用资源等战略目标，通过契约、协议而形成的生产要素水平式双向或多向流动、优势互补、风险共担、更好地实现集约化经营和市场竞争战略目标的一种合作模式。港口联盟的动力机理包括交易成本理论、战略联盟理论、价值链理论、资源依附学说、规模经济理论等。

交易成本理论认为，在一定条件下，行业联盟既能降低市场的交易费用，也能降低企业的组织费用。根据科斯（Ronald H Coase）[1] 的观点，合理的企业边界处于“边际组织费用 = 边际交易费用”的均衡点。行业联盟是介于企业内部交易与市场交易之间的交易组织形式，也是配置资源的一种手段，能解决市场内部化问题。其旨在通过结成利益共同体，实现资源、要素整合和优势互补，从而提升市场竞争力，寻求更好更快的发展。20 世纪 90 年代以来，在国际竞争日趋激烈和全球经济一体化的大背景下，战略联盟日益受到各国的高度重视和广泛应用。

（二）港口联盟的理论研究

一般认为，第四代港口理论包括了港口联盟的理论研究，换言之，港口联盟的理论研究主要是基于第四代港口理论。1999 年，联合国贸易发展委员会（UNCTAD）《港口通讯》第 19 期发

1 Ronald H Coase，“The Nature of the Firm”，Economic ，1937：386 –405.

表的《第四代港口》一文，认为1990年之后，在世界范围内已出现了超越第三代港口的新一代港口——第四代港口，文章主要观点是：第四代港口以集装箱为主要处理对象，以港航联盟和港际联盟为主要发展策略，以整合性物流为主要生产特性，其成败的关键是决策、管理、推广、训练等软因素。其后，英国卡迪夫大学的 Paixao 和 Marlow[1] 等人对第四代港口理论作了进一步阐述。学术界一般认为，第四代港口在前三代港口特征的基础上增加了供应链整合、港口联盟、绿色港口等特征。

孙光圻、刘洋[2]指出，港口发展出现从“多元化”向“基地化”的新趋势，港口将突破以物流为主要功能的传统框架，逐渐演变为整合各类经贸活动和信息的基地。

真虹的文章[3]则将第四代港口看作供应链的一个环节，认为第四代港口是在第三代港口功能的基础上，增加了港口与供应链的互动、港际互动，为货主提供敏捷、精细、个性化的供应链服务，使得港口服务出现柔性化的趋势，进而实现各个与港口有关的供应链环节无缝对接。

综上，港口联盟理念的提出是基于第四代港口理论和供应链整合理论。基于第四代港口理论的港口联盟逐渐出现港口整合、联营、网络化趋势；而供应链整合理论则强调以港口（城市）群

---

1 Paixao A C , Malrow P B, “Fouhrth genearation ports: A question of agility”, International Journal of Physical Distribution and Logisties Management, 2003, 33 (4): 355 - 377.

2 孙光圻，刘洋：《现代港口发展趋势与“第四代港口”新概念》，载《中国港口》，2005年第6期，第16 - 17页。

3 真虹：《第四代港口的概念及其推行方式》，载《交通运输工程学报》，2005年，第5卷第4期，第90 - 95页。

为发展主体进行规划，关注港口城市（群）的产业布局和功能定位。为适应港口功能的发展趋势，相关的物流企业迫于竞争压力，基于现代信息技术平台，纷纷构建个性化的有特色的供应链系统，通过港口物流业务流程再造，实现港口作业精细化，使得本企业真正融入现代供应链体系中去，这就促进了敏捷化港口的形成和港口间协作的深化，港口联盟逐渐从港口内部资源、业务流程的整合演变为与港口有关的外部资源、业务流程的整合，从而进入第四代港口的行列。

关于国际港口联盟的研究，徐子青[1]认为从系统论角度来看，区域经济联动要着重整合四对联动系统，既要关注区域经济联动各要素、各领域、各层次的横向的协调性，又要着眼时间纵向发展的可持续性。封学军[2]认为港口群的协同发展是港口横向协作的主要表现，各个港口因为共同的利益和业务结盟，也因为各自利益开展竞争，这样就形成了港口群。孔宪雷、许长新[3]得出的结论是港口间的协商合作应建立在一方向另一方提供补偿或请求保证的基础上，还提出了关于港口群竞争与合作相结合的组合模式设计。刘琼、蔡玉凤[4]将港口联动形式分为功能联动、规划联动、运营联动、信息联动和监管联动等。刘国军、殷

---

1 徐子青：《区域经济联动发展研究》，福建师范大学博士论文，2010 年。

2 封学军：《我国港口物流业发展的协同策略》，载《中国港口》，2002 年第 11 期，第 38 页。

3 孔宪雷，许长新：《港口群系统的竞争合作与演变发展》，载《水运工程》，2004 年第 10 期，第 28 – 31 页。

4 刘琼，蔡玉凤：《无水港与沿海港口联动发展模式初探》，载《港口经济》，2009 年第 9 期，第 24 – 26 页。

文伟[1]认为港口相关分析涉及多学科的交叉，应根据港口的具体实际，结合资源现状，对资源联动经营的整合方式、评价指标等进行综合分析，还认为应在企业资源理论（RBV）的指导下进行港口领域实践创新。赵娜[2]将横向协同视为加强区域港口间的合作、合理配置资源、减少恶性竞争、节省要素成本的有效途径；认为横向协同可以有效提升群体竞争力和抗风险的能力，形成发展合力，并提出了枢纽港联盟和干支线联盟两种横向协同发展形式。王刚、牛似虎[3]对辽宁沿海港口物流发展情况进行了总结，认为港口联动发展可以在一定程度上解决存在的问题，并提出港口联动发展的建议，如统一编制行动计划、构建运输网络、推进信息建设、建立港口物流联动发展的机制等。

港口与区域经济协同方面，吕荣胜、袁艺[4]以环渤海港口群为例，对港口产业集群辐射带动区域经济发展的现实依据和相关理论进行了分析，阐述了港口产业集群带动区域经济发展的辐射效应。李南[5]将临港产业集群看成是若干相关厂商的聚合体，在经营过程中需要面对多种集体行动问题，这时，港口管理当局、行业协会和领导厂商的分工协同机制，可为集体行动

---

1 刘国军，殷文伟：《区域港口资源联动经营的可行性分析与评价》，载《港口经济》，2011 年第 7 期，第 23 – 26 页。

2 赵娜：《港口战略协同》，杭州：浙江大学出版社，2012 年。

3 王刚，牛似虎：《辽宁沿海经济带港口联动发展策略研究》，载《物流技术》，2013 年，第 32 卷第 4 期，第5 – 8 页。

4 吕荣胜，袁艺：《港口产业集群对区域经济的带动效应》，载《大连海事大学学报（社会科学版）》，2006 年，第 5 卷第 3 期，第 47 – 50 页。

5 李南：《临港产业集群集体行动的组织基础》，载《环潮海经济瞭望》，2007 年第 9 期，第 35 – 38 页。

问题的解决提供坚实的组织基础。赵娜则认为纵向协同是提高港口服务能力的有效手段，港口应注重打造差异化竞争优势，提高服务的效率和协调能力，从而推动港口经济发展的转型升级。冷静[1]对以第四代港口为基础的港城联动发展特征进行了分析，认为港城联动发展存在着运输型、工业型、多元化以及综合性港城四个发展阶段，并以青岛西海岸新区为例，提出了港城发展的战略路径。

二、关于海上丝绸之路的研究

（一）国外关于海上丝绸之路的研究

Jacq - Hergoualc'H [2]对马来半岛，特别是贯穿马来半岛的陆上通道，在中国南海、泰国湾、孟加拉湾以及印度洋的海上贸易网络中的地位和作用进行了分析。

Kidd 和 Stumm[3] 对工业革命对海上丝绸之路运输模式的影响进行了分析。工业革命使蒸汽机船取代了帆船，进而导致大型化远洋船舶的出现，船舶远洋航行也不再受变幻莫测的海风的影响。美国在 20 世纪 40 年代开始应用集装箱运输，低成本及高安全性使其迅速推广，促进了全球运输系统的形成。不过

---

1 冷静：《基于第四代港口概念的港城联动建设研究——以青岛西海岸新区为个案》，载《青岛科技大学学报（社会科学版）》，2014 年，第 30 卷第 2 期，第 1 -5 页。

2 Michel Jacq - Hergoualc'H， “The Malay Peninsula Crossroads of the Maritime Silk Road（100 BC—1300 AD）”，Leiden：Brill，2002.

3 Kidd J，Stumm M，“From pre - Medieval to post - Modern times：Logistics routes and their modalities have not changed much”，Management Decision，2005，43（9）：1249 -1261.

Kidd 和 Stumm 认为，尽管工业革命导致了运输船舶、技术乃至全球运输系统的形成，从中世纪以前到 20 世纪 40 年代，国际海上运输模式的种类以及运输路线等并没有发生根本性变化。

Wade[1] 在长达 46 页篇幅的论文中，对公元 900—1300 年约 400 年的东南亚海上丝绸之路发展历程作了系统梳理，并将这一历史时期定位为东南亚商业发展的初期。作者认为，这一时期，中国、东南亚地区、南亚和中亚等地区都发生了许多商业以及金融变化，这些变化对海上贸易的发展起了极大的促进作用，海上贸易的发展又导致港口及城市的发展，使得资本、人口等向沿海地区集聚，商业化、货币化进一步加强，工业、消费和商业组织新模式不断涌现，乃至佛教、伊斯兰教得以传播，国家之间的联系进一步加强。作者的研究思路从海上贸易到资本、港口、城市、人口、货币、工业、消费和商业组织，逻辑严密，值得借鉴。

Kauz[2] 将 2004 年在维也纳召开的一次学术研讨会的相关研究成果汇集成书。该书归纳了海上丝绸之路的相关文献，由三部分构成：第一部分从波斯湾的角度分析海上丝绸之路；第二部分分析海上丝绸之路两端，即东端的中国和西端的伊朗；第三部分从中国的角度看海上丝绸之路。作者认为，在这一研究过程中，要破除阿拉伯文、中文等多语种带来的困扰。正出于这一缘由，

---

1 Wade G, "An Early Age of Commerce in Southeast Asia, 900 – 1300 CE", Journal of Southeast Asian Studies, 2009, 40 (2): 221 – 265.

2 转引自王爱虎：《从海上丝绸之路的发展史和文献研究看新海上丝绸之路建设的价值和意义》，载《华南理工大学学报（社会科学版）》，2015 年第 2 期，第 1 – 14 页。

在海上丝绸之路的研究中，跨语言、跨地区的国际学术交流和合作才显得尤为重要。

印度政治家、经济学家 Jairam Ramesh 提出 CHINDIA 这一混成词，指中国和印度。他将中印关系摆在重要地位，可是因为特殊的地缘政治因素，两国猜疑多于结盟。Muthiah[1] 运用态势分析法（SWOT），对中印关系的历史、现状及未来可能的发展趋势作了较为系统的分析。作为金砖五国主要成员，中印一直以来在海陆丝绸之路中都紧密连接。21 世纪海上丝绸之路的建设势必要对中印间经济、贸易、投资、物流、交通等方面的合作进行系统研究。

Jones - Leaning 和 Pratt[2] 全面梳理总结了中国和伊斯兰曲折跌宕的发展史；Dinc 等[3]则系统梳理了土耳其塞尔柱王朝的发展历程，将塞尔柱王朝兴盛的三个关键因素归结为国际贸易、梅尔夫（Mervyns）城和丝绸之路。兴起于 11 世纪的塞尔柱王朝构建了南至印度海、北至高加索、东至中国、西至埃及的王朝，经济的突出特色是高度发达的转口贸易。为了转口贸易的发展，塞尔柱王朝重视丝绸之路的基础设施建设，在沿线共建有 21 个商队停留区，这些商队停留区后来大都发展成为村镇乃至城市。为保障贸易安全，塞尔柱王朝派兵护卫商队，还为被沙漠或海上盗贼

---

1 Muthiah K, "Chindia - the changing times of China and India bilateral relations", Management Research Review, 2010, 33 (1): 23 - 40.

2 Jones - Learning M, Pratt D, "Islam in China: From Silk Road to Separatism", Muslim World, 2012, 102 (2): 308 - 334.

3 Dinc A, et al, "The importance of Silk Road, and Merv in the great Seljuk state′scommercial life", African Journal of Business Management, 2012, 6 (11): 4310 - 4316.

所盗窃货物的损失提供财政补偿。塞尔柱王朝在国际物流通道建设方面的成就值得学习。

Bhattacharyay[1] 的观点是，后金融危机时代，全球经济复苏迟缓，在这一大背景下，出口依赖度较高的亚太地区应通过调整区域和国内的需求来寻求实现亚洲乃至世界经济的可持续发展。为此，需要通过交通基础设施的建设和完善进一步密切亚洲与世界的联系，促进亚太地区经济一体化，但是，鉴于亚太地区的气候、环境和政治等种种复杂因素，谋划和建设重大交通基础设施，将面临诸多严峻挑战。该论文的观点及研究成果与21 世纪海上丝绸之路建设的宗旨不谋而合。

总体来看，国外关于海上丝绸之路的研究大致分两个阶段：早期的一个重要事件是，1979 年，日本放送协会（NHK）与中国中央电视台合作摄制“丝绸之路”专题系列节目，由此引发日本和中国学界研究海上丝绸之路的第一个高潮，以日本学者的研究居多，多为考古和文献研究；第二个高潮则以联合国教科文组织（UNESCO）于1998 年启动的为期10 年的“丝绸之路（对话之路）综合研究”项目为重要事件，对海上丝绸之路的研究扩散到全球范围，研究重点从早期的考古和文献梳理转向全球经济一体化背景下的国际贸易与产业分工、投资与金融、人口迁徙、港口和城市发展、交通通道规划、物流基础设施投入以及环境文化保护等方面，海上丝绸之路研究文献充分体现出跨地区、跨学科、

1 Bhattacharyay B N, “Seamless sustainable transport connectivity in Asia and the Pacific: prospects and challenges”, International Economics and Economic Policy, 2012, 9 (2): 147 - 189.

跨语种、多宗教等复杂社会系统的属性。

（二）国内关于海上丝绸之路的研究

国内最早是从史学研究的角度切入对丝绸之路的研究。20世纪20年代起，我国学者研究中西交通史时，已经将南海、中亚和西域作为专门研究课题，饶宗颐、冯承钧、向达、张星烺、黄文弼、唐长儒、季羡林、汤用彤、岑仲勉、阎文儒、劳干等学者都做出了开拓性贡献[1]。

饶宗颐[2]在论文《蜀布与Cinapatta——论早期中、印、缅之交通》的附论中，专题阐述了以广州为转口中心的海上丝绸之路。北京大学的陈炎教授是最早将丝绸之路作为研究重点的国内学者，他以陆上和海上丝绸之路为研究对象，发表了系列研究成果，其中《略论海上“丝绸之路”》影响较大[3]。1984年国内海上丝绸之路的研究出现了第一个高潮，这一年《瞭望周刊》连续发表了10篇以海上丝绸之路为主题的系列文章，分别为《“丝绸之路”由陆地转向海洋》（陈炎）、《中国航海事业的先驱——徐福》（阿浦）、《大规模远洋航行的序幕》《唐船驰骋波斯湾》（杨恩璞）、《泉州古港与宋代海船》（庄景辉）、《元代周游亚非的航海家汪大渊》（沈福伟）、《郑和下西洋的壮举》（庄景辉，上、下）、《中国古代航海业的中衰》（杨熺）和《开放·交流·进

---

1 李明伟：《丝绸之路研究百年历史回顾》，载《西北民族研究》，2005年第2期，第90－106页。

2 饶宗颐：《蜀布与Cinapatta——论早期中、印、缅之交通》，参阅《古代西南丝绸之路研究》，成都：四川大学出版社，1990年。

3 陈炎：《略论海上“丝绸之路”》，载《历史研究》，1982年第3期，第161－177页。

步》（陈炎）。

1998 年，联合国教科文组织启动的“丝绸之路（对话之路）综合研究”[1]，对国内海上丝绸之路的研究起到有力的促进作用，我国学者不仅介入到 UNESCO 组织的考察活动，国内召开的海上丝绸之路研究的国际学术会议及相应的研究成果也相继涌现。

2001 年 10 月，“三条丝绸之路比较研究学术讨论会”在云南昆明召开，陈潮[2]深入分析了海上丝绸之路兴起的原因，认为有四个方面的因素推动了海上丝绸之路的兴起：一是陆上丝绸之路的发展遇到了包括交通、政治、经济等方面的阻碍，海上丝绸之路逐渐取而代之在所难免；二是海上丝绸之路相对于陆上丝绸之路的优势是得天独厚的，且刚好弥补了陆上丝绸之路的不足，因而获得更好的发展机遇；三是海上丝绸之路的开辟是古代波斯人、西方人和阿拉伯人以及中国人共同努力不懈开拓的历史创举；四是技术方面，唐宋时期，从中国到波斯湾乃至地中海各国和地区，造船和航海技术均有长足发展，特别是宋代中国指南针的发明，使得造船、航海技术如虎添翼，为海上丝绸之路拓展了广阔前景。香港新亚研究所的李木妙[3]系统分析了 1513—1793 年海上丝绸之路以及中国对外海上贸易的发展概况。作者将这段时间分为“官方朝贡贸易”“民间自由贸易”“海禁时期贸易”“沿海多口贸易”和“广州独口限制贸易”5 个历史发展阶段。空间

1 UNESCO，“Integral Study of the Silk Roads：Roads of Dialogue”，UNESCO，2008.

2 陈潮：《试论海上丝绸之路兴起的原因》，参阅《三条丝绸之路比较研究学术讨论会论文集》，2001 年，第245－258 页。

3 李木妙：《海上丝绸之路与环球经济——以 16 至 18 世纪中国海外贸易为案例》，载《三条丝绸之路比较研究学术讨论会论文集》，2001 年，第 155－244 页。

上以我国沿海宁波、杭州、厦门、泉州、广州、澳门、澎湖等港口为节点，研究我国与东北亚、东南亚、西亚与东非、西欧和美洲四大地区的国际贸易。研究对象包括上述主要港口、地区贸易、转口贸易、国际贸易以及全球市场构成的世界贸易体系。这是截至目前可检索到的以古代海上丝绸之路为研究对象，却用现代国际贸易理论和分析框架对其发展进行深度解读的难得的文献之一，尤为宝贵的是该研究对这一时期进出口贸易规模、海上丝绸之路沿线各国来华船舶数量、我国关税收入等翔实的历史数据作了系统的梳理，论证了海上丝绸之路对促进全球市场形成的积极作用。朱亚非[1]分析了山东半岛的区位和经济优势，探讨了沿海地区居民的开放意识对北方海上丝绸之路形成的推动作用。但是，一方面，魏晋以来北方战乱频仍，宋代以后经济中心南移，明清两代实行的海禁乃至闭关锁国政策，另一方面，随着时间的推移，中日航线南海道（宁波至长崎）成为主航道，而造船与航海技术的进步促进了远洋航线的发展，反而对近洋航线起到抑制作用，这些因素严重阻碍了北方海上丝绸之路的发展。该研究也有诸多可借鉴的地方，如区位和经济优势、航海和造船技术对国际海上运输通道和贸易流量流向的影响、航道变化以及开放意识等。

此后，国内海上丝绸之路的研究进入蓬勃发展期。李庆新[2]详尽梳理了海上丝绸之路的发端和拓展历程，描述了沿线各国各

---

1 朱亚非：《论早期北方海上丝绸之路》，载《三条丝绸之路比较研究学术讨论会论文集》，2001 年，第108 - 124 页。

2 李庆新：《海上丝绸之路》，北京：五洲传播出版社，2006 年。

地区对海上丝绸之路发展做出的贡献，涵盖亚洲、欧洲、非洲、美洲和大洋洲五大洲国家和地区国际贸易、港口、航海、造船、国际关系、移民、宗教文化交流等诸多领域的发展历史。周长山[1]系统综述了日本学者对南海丝绸之路的研究。Zhu[2]根据翔实的历史数据对16世纪中国与拉美主要国家包括巴西、墨西哥、委内瑞拉、智利等国的国际贸易主要贸易商品及其价格、国际投资以及贸易冲突与平衡等进行了详细分析，并以量化分析结果为依据，对后金融危机时期中国与拉美国家的经贸关系发展提出了对策建议，这也许是迄今为止对中国与拉美国家间经贸关系研究文献中数据最为翔实的一篇。冯定雄[3]认为21世纪以来，在我国沿海有关地方政府的推动下，有关海上丝绸之路的研究将日益成为热点。这些热点包括海上丝绸之路的内涵与概念、开始时间及历史分期、始发港等。尽管研究方法、角度不尽相同，结论也可能相去甚远，但对于我国海上丝绸之路研究的进一步深入均具有一定价值。陆芸[4]通过考证认为，对我国来说，"海上丝绸之路"一词是舶来品，之前我国学界常用"南洋交通史""海交史""中西交通史"等词汇，国内学界使用"海上丝绸之路"一词应

1 周长山：《日本学界的南方海上丝绸之路研究》，载《海交史研究》，2012年第2期，第92－99页。

2 Zhu H B, "Building the New Silk Road across the Pacific. Economic and trade relations between China and Latin America after the Financial Crisis in 2008", Revista de Globalización, Competitividad & Gobernabilidad, 2012, 6 (1): 115－135.

3 冯定雄：《新世纪以来我国海上丝绸之路研究的热点问题述略》，载《中国史研究动态》，2012年4月。

4 陆芸：《近30年来中国海上丝绸之路研究述评》，载《丝绸之路》，2013年第2期，第13－16页。

该在联合国教科文组织实施“丝绸之路（对话之路）综合研究”项目之后，同时，作者还围绕蓬莱、扬州、宁波、福州、泉州、漳州、广州、北海等8个申报世界文化遗产的城市，对近30年来中国海上丝绸之路的研究文献进行了系统梳理。认为海上丝绸之路的研究涉及国家关系、经济贸易、航海交通、科学技术、宗教、文化、移民等领域，是跨学科、综合性研究。综上所述，与国外相比，国内关于海上丝绸之路的研究起步较晚。国学大师饶宗颐1974年发表的论著只将海上丝绸之路作为一个附论，20世纪80年代北京大学的陈炎教授才开始真正将海上丝绸之路作为研究对象。大致来说，海上丝绸之路的研究经历了三个高潮：第一个高潮是20世纪80年代由日本放送协会引发的；第二个高潮是20世纪末由联合国教科文组织引发的；第三个高潮是21世纪初由习近平总书记倡导的21世纪海上丝绸之路所引发的。不过，第三个高潮关于21世纪海上丝绸之路的研究，学界关注较多的还是在海上丝绸之路的概念、开始时间及历史分期、始发港等历史考古方面，而从国际经济与贸易、港口和城市、投资、交通和物流技术等现代化理念的视角对海上丝绸之路进行的研究仍然不多见。

（三）海上丝绸之路研究发展方向

在对国内外现有研究文献的综合分析的基础上，笔者认为未来海上丝绸之路的研究发展方向可以概括为以下几方面。

（1）21世纪海上丝绸之路和历史上的海上丝绸之路类似，经贸交流占据主导地位。因此，从国际经贸、全球经济一体化的视角重新系统梳理海上丝绸之路的发展历程和学术史，为21世纪海上丝绸之路的经贸发展提供历史经验是学术界面临的重要课题。海上丝绸之路的研究文献本来就比陆上丝绸之路少，从经济贸易视角研究的文献则更是难得。针对这一现状，需要从经贸发展甚至现代经济学的视角重新梳理海上丝绸之路的发展史，比如，清代十三行的发展，在国际经贸发展中占有重要的地位和作用，从现代经济学的角度看，具有重要的研究价值。清政府实施的“禁海—开洋—限海”政策背后，包含着清朝统治者在面临欧洲、日本等列强工业化的威胁时，对国际贸易“禁海—开洋—限海”的政策考量。这样的研究不仅可以从经济学的角度总结古代、近代海上丝绸之路发展历程中的国际经济贸易交流发展经验及规律，而且对21 世纪新时期我国进一步深化对外开放，应对来自美国及区域性大国的政治、军事、经贸挑战，探索我国的政策和措施具有直接的借鉴价值。

（2）由于历史的原因，1911—2013 年这 100 年间海上丝绸之路的发展史和学术史亟待梳理、总结和提炼。这一段历史时期，发生了辛亥革命、抗日战争、国共内战、中华人民共和国成立、“文化大革命”、改革开放等重大事件，沿着古代海上丝绸之路的发展史及学术史的思路，填补历史和未来之间的空白，可以为 21 世纪海上丝绸之路发展路径的制定提供基于历史的翔实的佐证。这一段历史空白，介于古海上丝绸之路和 21 世纪海上丝绸之路两个之间，而这一时期，欧美列强工业革命不断深入，发生了两次世界大战，我国则经历了从国家领土主权被瓜分、侵略，到民族独立，再到改革开放发展经济的历史巨变。实质上我国在这 100 年间实现了从闭关锁国、落后挨打到成功融入全球经济一体化发展洪流的华丽转身。尤其是自 1978 年的改革开放到 2013 年间，世界工业体系实现了从进入工业化社会以来最大范围内的资源优化配置，我国已经紧抓历史机遇，快速崛起为世界制造中心、全球第二大经济体。对比清政府面对西方列强的畏惧心态，我国在新时期的和平崛起引起了欧美、日本等发达国家的骚动和不安，美国自朝鲜战争 60 年后再次提出“亚太再平衡”战略，将战略重心从欧洲、中东转向亚太地区，周边国家如日本、印度等国则抛出“中国威胁论”，并围绕我国东海、南海、西南边境领土领海主权制造冲突和争端。我国和平崛起遇到世界列强的制约逐渐凸显。这些围绕 21 世纪海上丝绸之路的经贸、政治、军事冲突和争端肯定不是偶然现象，而是有发展成 21 世纪的常态的趋势。为此，需要对 1911—2013 年这 100 年海上丝绸之路的经贸发展情形进行客观分析和总结，对新时期美国“亚太再平衡”战略背景下我国 21 世纪海上丝绸之路发展所面临的挑战进行充分估计和科学评价，为 21 世纪海上丝绸之路的实现路径和政策研究提供决策参考。

（3）从现代经济学尤其是计量经济学、国际贸易与物流等理论视角，利用科学建模、案例研究法，对 21 世纪海上丝绸之路的内涵、发展路径和发展对策进行研究，在深化海上丝绸之路理论的基础上，为其建设实践提供决策参考。为了在面对世界及区域大国对我国发展构成威胁的形势下巩固并深入发展改革开放 40 年以来的巨大成就，需要明确 21 世纪海上丝绸之路的内涵、发展路径并制定科学政策。这既事关我国和平崛起，更事关我国与东盟十国、海上丝绸之路沿线国家的经济、政治、军事、文化交流合作。

第二节　国外港口资源整合的实践及港口合作模式梳理

一、全球港口经济发展趋势

港口作为一个国家和地区经济社会发展的战略性资源，在经济全球化的今天，也成为全球资源要素配置的重要节点，往往被视为一个国家和地区参与国际竞争、融入经济全球化的重要支点和拉动经济发展的主要引擎。当前，从经济环境来看，随着全球生产网络的日臻形成，全球供应链的深入发展，全球价值链的驱动作用日益凸显，港口面临着的内外发展环境也就愈加复杂。从港口行业自身来看，世界经济重心的转移引发枢纽港地位的激烈争夺，进而巨资建设的深水集装箱码头不断涌现。此外，港口发展还面临着全球化航运业战略联盟的广泛形成、船舶大型化、港口投资运营的私有化浪潮、用户综合服务要求不断提升等发展趋势。

（一）全球生产网络日臻成熟

当前，全球经济一体化的速度逐渐加快，跨国公司的生产经营活动在全球范围内的网络日臻成熟。全球生产网络对全球运输提出了新的需求，进而催生了全球综合物流服务，如国际多式联运等。现代港口作为全球综合运输网络节点，其功能不断拓展并更加广泛。

（二）枢纽港地位竞争加剧

港口是区/国内外货物、信息交换的重要节点和载体，也是一个地区/国家产业结构调整乃至经济发展的重要推手，往往又是一个国家/地区经济发展的增长极，其在一个国家/地区经济发展中的地位往往引致包括政府在内的各方的高度关注。根据党的十九大报告精神，我国在新时期将加快构建现代经济体系。而港口经济的发展可以促进现代产业体系乃至现代经济体系的构建，因为其不光是为现代产业体系提供资源要素配置的平台，作为集聚高端要素的载体，港口经济成为综合性门户城市提升综合服务功能的重要战略支撑，进而成为引领产业经济向都市经济发展的重要增长极。所以，为了在后危机时代的新一轮经济发展中占据一席之地，许多国家将枢纽港的竞争作为抢占先机的重要手段，尤其是将集装箱枢纽港的竞争作为港口发展的重中之重。

（三）港口投资建设的民营化和管理运营的全球化

港口作为基础设施，其具有部分公共产品的特征，很长一段时间以来，政府在港口投资建设乃至运营中占据主导地位。但是最近一段时期，各国港口管理当局逐渐通过放松管制使港口的投资运营商业化和民营化，政府以及公共部门在港口投资运营中的作用逐渐弱化，相应地，民营资本在港口发展中的影响力逐渐增强。另一方面，航运业作为国际物流的主要运输方式，在各种运输方式中全球化程度最高，进而要求为航运提供专业服务的港口建设、运营和布局也要具备全球化的属性。因此港口业的全球化程度相比铁路、公路等其他运输方式也明显要高。

（四）航运业战略联盟在全球范围内广泛构建

当前，航运业竞争越来越激烈，尤其是集装箱班轮运输市场。竞争导致价格周期性波动。对此，各大航运公司纷纷将发展战略联盟作为战略重点。这样，以寡头垄断为主要特征的班轮航运业，通过广泛构建战略联盟，可以在一定程度上缓解过度竞争、降低营运成本、提升服务质量，而且在与港口的市场博弈中提高了谈判地位，从而导致游戏规则的改变，原有的国际竞争格局也重新洗牌。

（五）船舶大型化趋势

全球生产网络的构建，全球经济一体化的加速，对全球货运产生了大量的需求。全球运输干线的货运量大幅增加，加之航运科技的进展、集装箱枢纽港的出现，航运船舶尤其是集装箱船大型化的趋势不可阻挡。在此背景下，港口由于自然条件、腹地经济等原因将面临重新洗牌。而且各国各地政府对港口建设投资持续加大，深水集装箱码头的投资建设备受重视，甚至制定政策吸引货物流向本地港口，这些都会对本地港口成长为区域性的物流中心乃至枢纽港起到有效的促进作用。

（六）港口综合服务能力不断提升

经济全球化和航运业的变革、港口城市及腹地的拓展使得海陆经济逐渐接轨、融合乃至实现一体化。而海陆经济一体化又将引致港口功能的综合化，今天，港口逐渐成为区域外向型经济的组织、决策与运行基地，港口、码头已成为全球供应链不可或缺的重要组成部分，这使得港口不仅要改进设备性能、提高服务能力和效率，还要和所属的全球供应链的有关船公司以及内陆运输提供商等其他合作主体加强协调集成，推动所属的全球供应链整体实现综合服务优化整合、效率改善和性能提升，增强港口的综合竞争力。

鉴于上述发展趋势，各国各地方政府、港口管理当局、国际经贸业界人士以及有关学者对如何提高现代港口综合竞争力这一问题都高度关注。这方面成功的典型如新加坡，其通过港口竞争力的打造，港口经济竞争优势凸显，而港口经济的竞争优势为其经济发展注入了强劲的增长力，又进一步铸就了新加坡的国家竞争优势，其国家竞争优势排名连续多年名列世界前列。

二、港口资源整合的案例及模式

发达国家很早就进行了港口战略联盟建设，进而对港口发展乃至国际航运中心的建设起到了极大的推动作用。

（一）港口资源整合的动因分析

近年来，全球范围内的港口整合或战略联盟建设此起彼伏。原因主要有以下几方面：

一是某一地区的主要港口因为种种原因，发展空间受到限制，若想进一步拓展就需要借用临近港口的岸线资源。2002 年上海港租借浙江洋山岛就是拓展港口发展空间的典型案例。20 世纪 90 年代以来，枢纽港腹地进一步向周边拓展，导致与周边小港的腹地形成重叠，如上海港、宁波港的腹地与嘉兴港腹地重叠。这就要求大港和小港协同分工，联动发展。这也正是区域经济一体化的特征表现。因而在区域经济一体化的背景下，港口整合或结成战略联盟恰逢其时。

二是为了避免恶性竞争带来的内耗，通过结盟形成整体优势。这一类的案例较为常见。在港口经济发展过程中，由于地理位置临近，腹地重叠导致恶性竞争的现象屡屡发生，日本东京湾著名港口东京、大阪、横滨等，近年来集体衰落的主要原因之一就是恶性竞争引起的内耗。日本政府基于对港口资源整合的必要性和紧迫性的深刻认识，采取果断措施，加速整合跨区域的港口，将“京滨港”“阪神港”以及“伊势湾”作为重点发展的三大综合港口，来构建港口经济整体优势。这样的案例还包括美国东部沿海的纽约和新泽西等港口的一体化、密西西比河流域以及西部的洛杉矶与长滩等进行的港口联盟建设，此外，地中海地区的港口联盟发展也有较大的影响力。国内方面，上海和长江流域的港口、香港和深圳的港口、江苏省内的港口等都积极组建港口战略联盟，拓展其港口辐射力。又如我国广西北部湾港务集团，由沿海的北海港、防城港和钦州港三港的国有资产组建而成，这样，一方面可以缓解三港之间的恶性竞争，另一方面在资产运营上可以北海港上市公司资源为依托，争取北部湾港务集团公司实现整体上市，进而做大做强北部湾沿海港口。

三是通过港口资源整合，降低管理成本以及商务成本，提高自身竞争力，提升对航运公司的吸引力。比如日本“阪神港”组建联盟的初衷就是削减30%左右的成本，对航运公司来说，三港合并后，原本由各港口征收的吨税、入港费等税费变为一次性征收，总收费减少15%左右，进港审批手续也由两港分别审批变为只需一次审批就可以进入两港。便利化程度的提高和成本的降低，对船舶中转挂靠的吸引力大幅提升，港口竞争力进一步增强。对管理当局来说，行政成本也能显著降低。

四是通过结盟构建业务网络，进而提升枢纽港竞争力。上海港控股九江、武汉，参股江阴、南京等，就属这一类，这样有助于强化枢纽港对支线港的控制。如前所述，为了应对船公司联盟不断强化、船舶大型化等趋势，港口行业规模化也势在必行。这种港口资源整合显得十分重要，可以凸显抱团效应，在联盟内优化配置港口资源，有效提升整合各方竞争力。

综上所述，在市场经济条件下，港口互相结盟，构建区域性协同有序的港口体系，推动形成区域港口之间合作竞争格局，是区域经济协同发展的必然要求，也是全球港口发展的必由之路。这种跨行政区划的市场要素整合，大幅提升了物流、信息流、资金流、人流的港口城市经济容量，而且，区域合作乃至一体化还能衍生出对港口功能的多元化需求，进而推动港口外延服务的延伸拓展。对浙江的枢纽港——宁波港而言，要想将自己打造成全球物流供应链的关键承担者，在全球港口特别是区域港口中拥有话语权甚至主导权，除了提升自身能力、与供应链其他主体做好协同之外，还要处理好与上海国际航运中心建设的关系，这对于促进区域港口合理分工和紧密协作，实现区域经济的可持续发展都具有十分重要的理论价值和实践意义。

（二）港口战略联盟建设的模式分析

1. 横向战略联盟模式

港口横向联盟是指两个或两个以上的处于平行位置的港口企业为了实现资源互补和防止恶性竞争而结成的联盟或利益共同

体。这种模式有可能是政府主导，也有可能是企业主导，主要有以下几种形式：

（1）枢纽港战略联盟。这种战略联盟是指存在着两个或两个以上的枢纽港，且各个枢纽港周边都有若干支线港，即各枢纽港都已经是一个港口群。因此，这种枢纽港联盟其实是港口群之间协同发展的一种战略模式。这种协同既包括枢纽港和辅助港之间的协同，也包括枢纽港之间的协同。因为各枢纽港在本地区范围内的地位都是举足轻重的，市场竞争地位平等，所以，在竞争驱动下，各枢纽港都会竭尽全力争夺本地区航运中心的地位，因此，这种枢纽港之间的竞争比干、支线港之间的竞争更为激烈。正因为如此，枢纽港之间的协同发展也就具有更重要的意义，当然，要形成这种战略联盟，运作的复杂性和难度要高于其他类型的港口协同战略。

（2）干、支线战略联盟。这种战略联盟是指一个区域的港口群中存在着一个干线港和一个以上的支线港。毫无疑问，干线港占据主导地位，支线港是从属地位。干线港和支线港之间既竞争，又依赖，是典型的竞合关系。一方面，干线港的生存和发展离不开支线港的补充和喂给；另一方面，支线港也要依靠干线港的市场地位和影响力来拓展市场空间，赢得市场份额。在这种模式中，干线港占据主导地位，整个港口群的竞争优势在很大程度上取决于干线港的市场竞争力，因此要在本区域港口群竞争优势的建设和培育上有更多责任担当，并在本区域干、支线港之间的协同发展中起主要推动作用；同时，作为支线港，要有甘当配角的精神。

（3）区域战略联盟。区域战略联盟是指同一区域内的所有港口为了提升整个区域的港口竞争力而结成的战略联盟，这是更高层次的战略联盟。当然，这种跨地区甚至跨国家结成的战略联盟其复杂性以及运作难度可想而知，不同地区、国家在政策体制上的明显差异乃至国家之间的冲突等导致这种战略联盟具有很大的不稳定性。但是，在另一方面，全球经济一体化日益加速深化的发展趋势，区域内独有的区位优势和经济联系以及区域内的共同利益诉求都客观存在，成为这种战略联盟构建和形成的动因，并最终会使这种合作由可能变为现实。我国提出“一带一路”的倡议正是这种高层次的战略联盟，目前，我国港口开展的区域战略联盟合作已取得了明显进展。

随着全球经济一体化的加深，世界经济将越来越多地跨越国家界限，国与国之间的政策、体制差异将逐渐趋同，区域乃至全世界的共同利益将变得越来越重要。欧盟、北美自由贸易区等经济一体化组织都是这方面的典型案例：一方面，说明同一个区域的国家为了共同的利益诉求组建战略联盟是具有可操作性的；另一方面，近年来，英国脱欧、美国修建美墨边境墙等事件印证了这种战略联盟在发展过程中的不稳定性。但是我们注意到，我国提出“一带一路”乃至构建人类命运共同体的倡议，得到世界上越来越多的国家的认同和响应，说明为了全世界的共同利益，国家间政策的差异逐渐趋同的大趋势不可逆转。

2. 纵向战略联盟模式

纵向战略联盟是指港口企业与上下游企业以及相关单位结成联盟，主要形式如下：

（1）港航企业战略联盟。作为供应链的重要节点，港口企业需要强化物流系统尤其是多式联运的稳定性与连续性，而对航运企业来说，与港口结成联盟，也能提升整个物流供应链服务能力。此外，随着船舶大型化与专业化的进一步深入，对世界主要集装箱枢纽港提出了大型化的要求。港航结盟就成了组合港形成、班轮联盟之后的一种新趋势，对枢纽港来说，这种结盟可以在一定程度上减轻投资压力、降低投资风险。而且，大型航运公司控制着大量的箱源，港口与其结盟可以获得大量稳定的货源。所以，港口、航运之间的共同利益及天然联系奠定了结盟的基础。在港航联盟的基础上，如果再与制造、供应、销售等环节合作，就能形成一条高效的全物流链，港口也能获得凭借自身实力原本达不到的效率，并能实现联盟的“多赢”。

（2）港口运输企业战略联盟。港口的主要功能是货物的集疏运，当前，大部分集装箱运输对客户提供门到门服务，这就要求海路、陆路（铁路和公路）运输以港口和内陆集装箱货运站为节点彼此衔接，构建综合性运输网络。这种衔接越紧密，彼此合作的必要性和可能性也越大。对港口来说，其集散功能的实现取决于集疏运能力的大小，因而集疏运能力是港口之间竞争的重要因素。实践证明，由于铁路运输的自身特性，其对于提升港口集疏运能力的效果显著。所以，港口应加强与各种运输方式的合作，尤其是要加强与铁路运输的结盟，提高港口的集疏运能力，构建并完善现代国际综合物流体系。

（3）港口物流企业战略联盟。现代国际综合物流服务是庞大的系统工程，港口要提升综合物流服务能力，就要和其他相关物流企业结盟，构建物流链。一方面，仓储、配送、流通加工等物流企业类型的专业化服务水平，对提升港口物流服务水平大有裨益；另一方面，就这些物流企业而言，能与港口结盟是求之不得的，因为港口的码头、仓库和集装箱堆场正是这些物流企业需要的稀缺资源。可见，港口与其他相关物流企业同属一个物流链，都是物流链的有机组成部分，因此港口与其他物流企业加强合作是港口发展现代综合物流的大势所趋。当前，不少港口在逐步采用业务外包的方式把一些传统的、粗放的、虽重要但不是核心的业务委托给第三方物流企业，这样港口可以集中精力打造核心竞争力。通过业务外包，港口可以充分利用外部资源，对市场需求实现快速反应，还能加速港口业务流程重组，实现港口人力资源优化配置，提高港口运营及管理效率，提升港口服务能力和形象。

3. 相互渗透型战略联盟

这种战略联盟按渗透程度可分为紧密型、松散型、竞合型等类型。

（1）紧密型战略联盟。这种战略联盟是指两个或两个以上港口通过联合成为同一港口（经济实体），在投资运营过程中，统一制定发展规划，利益共享，风险共担。宁波－舟山港是这一类型的典型案例。这种要突破行政区划才能实现的联盟，一般需要政府来主导进行运作。

（2）松散联合体。这种松散联合体主要是指区域性协会组织。港口企业可以共同组建，也可以共同参与，从而实现非正式合作。区域性协会组织的功能包括对区域内港口发展的共性问题进行研讨、协调区域内港口、物流企业的关系，维护港口行业市场竞争秩序，以及为港口各种类型的物流企业提供信息沟通、技术交流平台。成员企业应遵守协会规章，体现协会自律、协调的功能。

（3）竞合型战略联盟。这种战略联盟一般是指港口企业（集团）依托有较强实力的生产经营企业或资本运营公司，以资本为纽带，维系与各下属单位以及专业化子公司的关系。后者根据各自不同的业务性质开展生产经营和管理。港口企业可通过其下属单位及子公司之间的业务合作来达成这种竞合关系。通过合作，提升物流服务能力和港口企业竞争力。股权合作、第三方控股、协作联营等是这一模式的常见实现形式。浙江近年来成立省海港投资运营集团有限公司，以宁波－舟山港为依托，参股、控股省内其他港口，就是这一类型的典型案例。

第三节　浙江省港口优势及港口资源整合现状

浙江省拥有货物吞吐量全球排名第一的港口——宁波-舟山港，依托宁波港集团公司组建的省海港投资运营集团有限公司所占有的全省港口岸线资源，作为浙江参与全球经济竞争与合作的重要战略资源，在构建通畅便捷的国际物流运输网络，带动浙江及其更深广的经济腹地融入国家“一带一路”倡议，提升区域开放水平等方面具有重大意义。宁波-舟山港是实现“21 世纪海上丝绸之路”和“长江经济带”与沿线经济体、区域经济互联互通的关键节点，以我国最具产业经济活力的“长江经济带”为腹地，被视为我国建设“21 世纪海上丝绸之路”的桥头堡。2014 年，浙江组建省海港集团，全省海港整合步伐明显加快，以宁波-舟山港为首，嘉兴、温州、台州等为辅的港口群正快速形成。已建成的舟山跨海大桥、杭州湾跨海大桥，构建了联通南北沿海、长江沿线、西南内陆、世界海洋的四大运输通道的港口集疏运体系，宁波则正在举全市之力推动国际大港向国际强港转变，全面提升国际市场开发能力和港口经济辐射带动能力，打造辐射长三角、影响华东片的“港口经济圈”。宁波港集团等骨干企业既是码头、航线的运营商，也是港口综合物流服务提供商，正积极投身21 世纪海上丝绸之路建设，加强与国内外港口、物流企业的合作，优化资源配置，以技术、资本等方面的雄厚实力，为 21

世纪海上丝绸之路沿线港口建设和发展提供供应链整合、金融、技术等服务。

2017 年，浙江省发展改革委批准建设宁波“一带一路”建设综合试验区，目标是建设“一带一路”港航物流中心、投资贸易便利化先行区、产业科技合作引领区、金融保险服务示范区和人文交流门户区。这样，宁波－舟山港在与沿线经济体以及自贸区密切联系的过程中，将发挥多方面的引领作用。

一、浙江建设港口联盟的重要意义

浙江省内港口联盟形成之前，全省的 5 个沿海港口——宁波港、舟山港、嘉兴港、台州港、温州港——基本处于“一城一港一政”的状态，相互之间联系很少，未能实现有效的资源整合。随着全球经济一体化进程日益深化，港口的作用和地位日益凸显。浙江各港口要实现整体可持续的发展，建设战略联盟是必由之路。建设港口战略联盟对于浙江的意义非常重要。

（一）加快外向型经济发展

浙江是外向型经济省份，具有“大进大出”“两头在外”的典型特征。内贸方面，浙江所需各类能源资源以水路运输为主；外贸方面，90% 以上的外贸货物为海洋运输，港口水运对于浙江省社会经济发展的重要性可见一斑。所以，建立港口联盟，优化配置物流、信息流、资金流，将五大港口的业务衔接起来，整合港口、航运、外贸、海关等行业服务和监管，实现货物多式联运与快速集散，对全省外向型经济发展具有重要意义。

（二）提升龙头港口竞争力

宁波港作为浙江龙头港口，在20世纪90年代的港口建设高潮中，成就令人瞩目。伴随着船舶大型化趋势，泊位深水化、大型化逐渐成为港口发展的必备条件，港口深水岸线不足成为其发展瓶颈。宁波港必须获取新的深水岸线资源才能实现其可持续发展，而通过与临近的舟山港建立港口联盟，就可以共享深水岸线资源。这不光可以促进宁波港的可持续发展，还可大幅提升全省港口的竞争力。

（三）促进中小港口发展

浙江南北部的温州、台州、嘉兴等中小港口虽有区位、岸线资源等方面相对优势，但因为投资不足、缺乏统一规划管理等问题，其发展举步维艰；在与邻近的宁波、上海等大港的竞争中，生存空间被越挤越小，发展甚至接近“天花板”。通过港口联盟，实现岸线资源整合，可以给这些中小港口利用自身优势资源创造发展的机会。

（四）避免恶性竞争

浙江省五大港口地理位置临近，经济腹地交叉重叠，发展环境、机遇类似，使得五大港口功能定位同质化，很容易形成恶性竞争，内耗会导致整体竞争力下降，组建港口联盟可以协调五大港口利益关系，避免恶性竞争。

二、浙江港口集团是浙江港口联盟优化升级的最佳选择

根据目前港口联盟建立的实际情况，有的港口联盟只是一种

表面形式，流于数量上的整合，不是本质、内涵和功能上的整合，也没有顶层设计对港口资源进行有效整合，“吞吐量组合港”、貌合神离的现象在所难免，这在浙江前期港口联盟组建过程中也有一定程度体现。

现浙江已基本建立了“一体两翼”现代港口联盟体系，即以宁波－舟山港为中心，温州、台州、嘉兴港为南北两翼。但联盟较为松散，存在着较为突出的现实问题：一是一体化进程较为缓慢，宁波港与舟山港合并以后，名称虽然统一，但是仍然各自独立经营，并未实现真正的一体化；二是港口互相之间协调不够，由于缺乏顶层设计，各港口在投资建设、运营管理过程中，重复建设现象在一定程度上依然存在，未能做到合理分工、优势互补、共同发展，对岸线的利用相对粗放，货物吞吐量得不到合理的分流分配，转运、多式联运衔接不协调；三是服务水平总体较低，由于各港的公共设施配套及相关服务在一定程度上不能满足发展需要，特别是集装箱业务发展与港口库场配套的矛盾，使得港口物流增值服务水平难以提升。

要彻底化解上述浙江港口联盟的问题，就需要通过新的更紧密的合作形式实现联盟的优化升级。组建港口集团就是更紧密的合作形式的最佳选择。新组建的浙江港口集团，实际上是依托宁波港集团的资本实力，或收购省内其他港口的股份或参与经营，构建以产权、业务为纽带的利益共同体，实现对省内其他港口的控股。港口集团组建后，母公司为宁波港集团，子公司为省内各地港口；运行管理按现代公司制度进行，实现市场化运作；集团将对省内港口进行统筹布局、投资建设与管理。

组建港口集团是浙江省发展港口联盟的最佳选择，有以下理由。

（一）有利于形成整体合力

新组建的港口集团，在管理运营过程中将浙江省内各港口视为同一港口，整合省内岸线资源，统一制定发展战略，风险共担，利益共享。港口集团在协调各地港口利益的基础上，对省内岸线资源统筹管理，对海事、港务等行政体制进行重新划分，促进集团内港口资源整合和优势互补，共同发展。这样有利于实现整体和个体利益的融合，避免恶性竞争，形成整体合力，提升港口的服务水平和竞争力。

（二）有利于建设国际强港

浙江港口集团的组建过程中，宁波－舟山港居于核心地位，通过建立现代企业制度和市场机制，对集团内的资源进行整合与分配，宁波－舟山港能够获得更多的货源，其转型升级将获得更强劲的动力，未来国际竞争中的地位将进一步提升，通过实施“走出去”战略，可望融入全球物流链和价值链，增强综合竞争力，打造国际强港。宁波－舟山港未来发展前景可期。

（三）有利于浙江“港航强省”战略的实现

通过组建浙江港口集团，除了可以实现浙江省内沿海港口资源最优组合，避免省内港口重复建设和恶性竞争，还可以形成强弱港互动、强港带弱港的格局，提升整个集团的国际物流服务能力，构建浙江省沿海港口体系，适应浙江省外贸发展和国际物流供应链的需求，实现浙江“港航强省”的战略目标，促进浙江经济可持续发展。

（四）有利于海洋经济发展

21 世纪是海洋世纪，发展海洋经济是国家战略。2012 年，《浙江海洋经济发展示范区规划》经国务院批准上升为国家战略。浙江作为海洋资源大省，要充分发挥海洋资源优势，实施海洋开发战略，统筹海洋、陆域经济，实现海陆联动发展，港口是必不可少的支点和枢纽。通过组建港口集团，进一步密切港口合作力度，促进海洋经济发展示范区建设，有利于实现海洋大省向海洋强省的跨越。

三、浙江港口联盟的发展历程及成就

2003 年，浙江省以“统一规划、有序建设、市场运作、加强协调”为指导思想，整合宁波港和舟山港。

2007 年，温州港与宁波港集团签署合资合作协议；2008 年，嘉兴港与宁波港集团合作，共同投资建设码头，联手拓展集装箱业务，开通了嘉兴至宁波的集装箱内支线。2008 年，台州港与宁波港集团签署合资合作框架协议，共同投资建设港口设施，经营支线班轮。

2009 年 3 月，交通运输部和浙江省政府批复《宁波 - 舟山港总体规划》，并公布实施。12 月，舟山跨海大桥通车，2010 年，舟山金塘港区大浦口集装箱码头建成投产，成为宁波 - 舟山港进入实质性一体化阶段的重要标志。

2010 年 1 月，宁波港集团、台州海门港外沙港埠公司双方各出资 50% 共同组建台州湾港务有限公司。

2015年8月28日，浙江省海港投资运营集团有限公司在舟山揭牌。此举标志着浙江海港一体化发展站上新起点，浙江全省五大港口——宁波港、舟山港、嘉兴港、台州港、温州港大整合并入浙江海港集团，统一运营。

经历十余年合作发展，浙江省内已基本形成以宁波－舟山港为核心，温州港、台州港与嘉兴港为南北两翼的港口群，通过多种合作形式，构建了现代港口联盟体系，也实现了合作多赢的良好格局，省内各港口货物、集装箱吞吐量获得大幅的提升。

作为浙江港口联盟核心的宁波－舟山港，在与省内港口协同发展的过程中，持续获得来自嘉兴、温州、台州三港的喂给货源，进一步巩固了其在联盟中的核心地位和世界领先地位。2008—2017年的10年间，宁波－舟山港货物吞吐量由5.2亿吨增长到10.1亿吨，10年增长近一倍；2012年，宁波－舟山港货物吞吐量为7.44亿吨，首次超过上海港，排名世界第一，近年来货物吞吐量连年刷新世界纪录。尤其值得注意的是，嘉兴港的货物吞吐量和集装箱中转服务也都实现了质的飞跃，货物吞吐量方面，由2008年的0.28亿吨增长到2017年的0.88亿吨，10年增长214.29%；集装箱吞吐量方面，2008年至2012年集装箱相继突破10万标准箱、20万标准箱、35万标准箱、50万标准箱、75万标准箱，连续五年增幅超40%，实现跨越式发展，2017年实现集装箱吞吐量134.1万标准箱，10年增长12.4倍，增幅稳居长三角14个港口前列（表3－1）。

表3－1　浙江省沿海港口2008—2017年货物吞吐量

（单位：亿吨）

年份	宁波－舟山港	嘉兴港	台州港	温州港
2008	5.2	0.28	0.39	0.5
2009	5.7	0.34	0.43	0.57
2010	6.3	0.44	0.47	0.64
2011	6.91	0.52	0.51	0.69
2012	7.44	0.6	0.53	0.7
2013	8.09	0.66	0.56	0.73
2014	8.73	0.68	0.6	0.79
2015	8.89	0.62	0.62	0.84
2016	9.22	0.68	0.67	0.85
2017	10.1	0.88	0.7	0.89
10年增长率（%）	94.23	214.29	79.49	78

数据来源：浙江省港航局及嘉兴、温州、台州三市历年统计公报。

四、浙江港口集团的发展对策

（一）建立紧密型联盟合作机制

通过章程、规则等制度安排确保集团的权威性和对旗下港口的约束力，使新组建的集团能发挥组织和纽带作用。集团应建立港口建设和规划的长效问责机制，统筹协调各港口之间的关系，对违反联盟相应条款的港口及相关企业给予惩戒。集团还要为旗下港口之间的技术交流和信息沟通提供平台，维护港口企业的合法权益，督促港口企业规范经营，维持正常的市场竞争秩序。

（二）建立完善利益分配机制

组建集团的最主要动力是利益驱动，反之，不公平的利益分配则最容易成为集团缺乏向心力甚至解体的极大推手。但由于集团各成员信息不对称等主客观因素，在集团内各个利益相关者分配利益方面难免出现问题，若再缺乏协调、信任以及一致目标等"凝合剂"，联盟关系很可能走向破裂。因此，对于浙江港口集团来说，建立并完善公平合理的利益分配机制至关重要。集团在制定利益分配机制时，要遵循的原则包括以下几方面：一是要科学分配，要做到分配依据充分、分配方法科学合理，既要分配有形收益，也要分配无形收益；二是要公平分配，坚持统一分配标准，做到利益相关者的收益与其投入的所有资源及其承担风险相对应；三是要民主决策，即应由集团所有成员共同通过协商讨论，制定利益分配方案；四是要注重整体利益与局部利益协调一致。既要保障集团利益的最大化，也要考虑各港口企业的局部个体利益。比如这两年，嘉兴港建设以及具有区域特色的海河联运建设迟缓，其原因就是省海港集团集中力量重点建设宁波－舟山港，嘉兴港作为喂给港，其建设在一定程度上未得到重视。

（三）建立共享信息平台

新时代，港口要提高服务质量、降低经营成本、实现高效运营，及时、共享、互动的信息网络是必备条件，这对于增强对货源的吸引力有着重要作用。目前浙江港口集团统一的信息平台建设相对于业务发展来说显得滞后，不利于旗下港口互相的信息化对接。因此浙江港口集团应尽快构建一个覆盖旗下所有港口的统一的信息交互平台：在及时性方面，要保证信息的及时更新，以提高集团信息平台发布信息的有效性；在共享性方面，整合各港口信息，并实现及时联网共享，这样才能满足具有灵活性、个性化等方面特征的现代港口物流链对灵活性、及时性信息的需求。建议构建统一的 EDI 系统[1]，实现港口与港口、港口与口岸单位、货主、承运人及其他相关机构之间的信息联网，乃至在即将到来的 5G[2] 及物联网时代，更要积极探索构建统一、及时、共享的新一代网络平台，保障港口成员及尽可能最多的相关单位的信息快速传递与共享。

（四）优化口岸软硬环境

港口环境尤其是通关速度是影响港口发展的重要因素。目前浙江有些口岸监管部门的服务观念和作业方式还比较传统，自动化港口建设尚未提上议事日程，通关效率不高，口岸服务缺乏灵活性。新的港口集团的组建应有新的起点，要着力优化口岸环境，加快实施“选择申报，多点放行，统一平台，全省联动”的通关一体化建设，提高集团港口物流速度。建议由省海港委牵头，围绕海事、海关等行政管理领域，建立协调机制，或设立相应机构，合力打造便捷高效的一体化通关服务体系。此外，应进一步深化电子口岸建设，实现网上办理进出口手续，进出口数据信息可以跨部门交换、联网核查，报关、报检、纳税实现电子化；进一步整合各口岸查验部门，推行一站式集中联检、联审、

---

1 即电子数据交换，全称 Electronic Data Interchange，是由国际标准化组织（ISO）推出使用的国际标准，是指一种为商业或行政事务处理，按照一个公认的标准，形成结构化的事务处理或消息报文格式，从计算机到计算机的电子传输方法，也是计算机可识别的商业语言。

2 5G：第五代移动电话行动通信标准，也称第五代移动通信技术。

查验，实现全天候通关。在硬环境建设方面，应积极推动港口自动化建设。

（五）注重专业人才培养和交流

港口集团的构建，关键是人员的交流与共融。近年来，浙江临港服务业的快速发展引致实用型技能人才的短缺，且这一问题日益凸显。各港口都需要具有创新意识和能力的港口物流专业技能人才，为浙江港口集团的发展服务。相对而言，宁波－舟山港在这方面优势明显：员工培训方面，建有港口职业培训学校，与多个高校合作培养人才，宁波港集团内的人员可以在自己的培训中心进行全员培训，同时还经常选派骨干员工、优秀技术人员出国考察和培训；人才引进方面，宁波港集团每年都会引进涵盖港口业务各领域的专业技术人才，员工中高学历人员比例持续提升，业务能力也不断提高。因此，要重视各港口人力资源的交流力度，建立健全各港口人才培养、引进与交流机制。对宁波－舟山港来讲，应加强对各港口人员的指导与培训，密切人员相互交流，建立健全与其他港口人员互相挂职的体制机制。

第四节 浙江省港口构建国内港口联盟问题研究

在浙江沿海港口中，宁波－舟山港居于绝对的核心地位。以2017年为例，在浙江沿海港口中，宁波－舟山港占整个浙江港口货物吞吐量的80%以上（表3－1）。因此，本节和下一节所探讨的问题主要以宁波－舟山港为核心进行展开。

根据李克强总理指示，浙江应发挥区位优势和港口优势，积极参与长江经济带合作，宁波应重点加强江海联运服务体系建设，全力支撑长江流域江进海、海进江运输。在这一精神指引下，拓展中西部深广的经济腹地是实现宁波－舟山港与腹地共赢的必然要求。而宁波－舟山港要实现从国际大港向国际强港转变，就必须背靠我国深广的经济腹地，做足海向辐射、陆向辐射两个大扇面联动的大手笔文章。本节探讨宁波－舟山港构建国内港口联盟问题主要围绕这一宗旨展开。

一、宁波－舟山港构建国内港口联盟的现状

一般认为，与内陆城市共建无水港是构建港口联盟、拓展经济腹地的重要举措。从2002年建立金华无水港开始，截至2017年，宁波港集团已建立12个无水港（表3－2），其中，省内10个基本可以辐射浙中西及杭萧绍等内陆地区，初步形成了以“无水港”为点、海铁联运为线、内陆腹地为面的经贸物

流网络布局。在这个过程中，无水港功能逐步完善，各“无水港”逐步强化与口岸单位、船公司及代理公司的合作，积极推行“异地报关、一次查验、一次放行”的通关模式，开展报检报关、租船订舱等“一站式”集中服务，实现了内陆“无水港”与“海港”的无缝对接，也构建了以无水港为节点的“多点放箱、集中管理”的提还箱业务网络。

内陆无水港为宁波－舟山港带来了更多的货源、箱源，宁波－舟山港的内陆腹地经济辐射力度不断加大。据宁波海关统计，近几年，外地进出口值占宁波口岸进出口值比重已超60%。

表3－2 宁波港建设无水港情况一览

无水港	建立时间	概况
金华无水港	2002年	位于金华市金三角经济开发区，占地98亩[1]，拥有5 800平方米的仓库，30 000平方米的集装箱堆场。由宁波港集团、金华市中宇物流有限公司、金华金三角国有资产投资经营有限公司、浙江陆港物流发展有限公司投资组建。公司主要经营集装箱与货物的储存、堆放、拆装箱、修箱、熏蒸、集装箱查验、公路集装箱运输以及综合物流相关服务 2014年5月4日，经海关总署批准，金华市跨境贸易电子商务服务（简称“跨境通”）试点在金华无水港成立。海关、检验检疫两部门实现集中办公，能为货物分拣和仓储提供充裕场地

1　1亩约等于666.67平方米。

续表

无水港	建立时间	概　况
义乌无水港	2002年	位于义乌市机场路北侧，占地450亩，总投资2.5亿元，按“陆路口岸”功能设计，分办公区、集装箱堆场区（包括海关查验、检验检疫区）、仓储区、商务服务区，是一个功能较为齐全的国际物流公共平台。义乌无水港由宁波港集团、义乌市国际陆港集团有限公司投资组建，义乌港物流有限公司负责经营 公司以信息化为支撑，分集装箱甩挂（箱）运输业务、堆场箱管业务和港口综合性服务三大块，通过打造甩挂、箱管、拼箱、港口综合服务和信息化为核心的内陆港口物流平台，为义乌进出口货物提供优质的物流服务。在义乌港二期海关监管区驾驶员服务中心内设立电子进港信息预录入业务，提高了义乌港集成港口物流服务功能
衢州无水港	2006年	位于衢州市衢江经济开发区，占地面积190亩，有仓库2座6 000平方米，集装箱堆场10 000平方米。衢州无水港是浙江省“山海协作”项目之一，由宁波港集团与衢州汽运集团投资组建 主要开展海铁联运、报关报检、转关、查验、仓储、熏蒸、提还箱、内外贸全程物流运输代理等业务
上饶无水港	2008年	位于上饶市国际物流中心，占地248.64亩，包括仓库2座5 200平方米、堆场10 000平方米。由宁波港集团与上饶城市建设投资开发集团公司合资组建。依托“海铁联运天天班”的强力支撑，充分发挥铁路运输的成本优势，为客户提供安全、便捷、快速的运输服务
鹰潭无水港	2008年	位于鹰潭市（贵溪）铜产业循环经济基地拆解园区，占地203亩，有仓库1座3 000平方米、堆场2万平方米，具有完成年标准集装箱作业量5万箱、普通货物吞吐量300万吨规模的能力。由宁波港集团和贵溪市城市建设投资发展有限公司合资组建 2012年6月，海关总署批复同意了宁波口岸进口转关废金属，鹰潭无水港具备了从宁波港进口废金属清关查验功能，从而为鹰潭废金属进口增加了一条由宁波经铁路运输至鹰潭的物流模式

续表

无水港	建立时间	概　况
萧山无水港	2008 年	2008 年 9 月宁波港集团依托萧山无水港开展了提还箱业务，2009 年 5 月设立萧山分公司，2012 年 5 月宁波港与萧山国际物流中心合资成立经营公司，负责无水港的经营与管理 公司依托宁波港优势，联合船公司、集卡车队、货代等多方面资源，在萧山国际物流中心开展提还箱等业务，目前已拥有 18 家船公司资源，并得到了 100 多家货代和 500 多家内陆客户的认可
兰溪无水港	2009 年	地处兰溪市灵洞乡耕头畈浙江嘉宝物流有限公司物流场区内，占地面积 2 万平方米。距离杭金衢高速公路兰溪出口 1 千米，距离金兰中线公路 0.3 千米，距离 330 省道 0.9 千米，距离已计划建造的 1 000 吨级钱塘江航运兰溪港方下店码头 0.8 千米 海铁联运业务：嘉宝物流基地拥有自有铁路股道四条，线路长度 1 300 米，为海铁联运业务提供了优良的作业条件。发挥铁路直达宁波港的“无缝”衔接优势，为兰溪、衢州龙游、建德等地提供海铁联运服务 兰溪市及周边衢州龙游地区具有良好的外贸基础，嘉宝物流在当地市场深耕多年，一直从事公路集装箱运输业务，掌握了大量客户资源。嘉宝物流基地拥有铁路专线，这是金华乃至整个浙西北地区最为优越的发展海铁联运业务的硬件条件。另外，还向上海路局争取到了非常优惠的“兰溪—宁波港”铁路运价
绍兴无水港	2011 年	由宁波港集团与绍兴市水务集团合资组建的绍兴市国际物流中心有限公司负责经营，是绍兴地区第一家陆路口岸。主要优势如下 保税仓储功能优势：无水港建有绍兴地区唯一的公共型保税仓库，面积 3 500 余平方米，所存货物可以集中报关、分批出库 拼箱功能优势：与集拼物流的合作，开展二次拼箱业务，打造绍兴地区拼箱集散中心。2014 年完成出口拼箱量 2 505 标准箱，同比增长 11.2% 口岸通关功能优势：拥有海关监管场地 3 500 平方米，为外向型企业的进出口货物提供“一站式”通关服务 提还箱功能优势：与中海、马士基、中远等十多家船公司合作，建立集装箱提还箱点，年进提箱处理能力达 40 000 标准箱以上

续表

无水港	建立时间	概　况
柯桥无水港	2011 年	柯桥无水港（中国轻纺城物流中心）是中国轻纺城现代物流园区的核心建设项目。离高速出口 5 千米，总规划面积 278 亩，其中一期工程占地 110 亩，海关、国检等机构和一批国际物流企业相继入驻，业务量快速增长，基本形成了报关、报检、提还箱、验修箱、保税仓库、海关监管仓库、拼箱等一条龙的国际物流服务体系 2013 年年初，宁波港派出专业管理人员负责无水港业务
襄阳无水港	2012 年	宁波港国际物流有限公司襄阳分公司作为宁波港腹地拓展的窗口，实现了宁波口岸服务功能向长江以北的内移，是一个综合性的公共物流服务平台 2012 年 9 月 28 日，襄阳—宁波的集装箱海铁联运业务启动。目前依托海铁联运业务，分公司为企业提供仓储、堆存、拆装箱、报关报检、转关、查验、订舱、海铁联运以及提还箱等内外贸物流服务
富阳无水港	2013 年	富阳无水港位于杭州市富阳东洲码头，由宁波港集团和浙江富阳口岸国际物流有限公司共同出资组建。向南辐射桐庐、建德、义乌，向西辐射安吉、临安、安徽，向北辐射余杭、德清、湖州和海宁地区，向东可以支持杭州、萧山、绍兴无水港开展提还箱业务 是宁波港在内陆设立的提还箱平台之一，宁波港国际集装箱有限公司派员负责箱管业务
永康无水港	2015 年	永康无水港于 2009 年开始建设，项目规划占地面积 120 亩，预计总投资 1.5 亿元。其中土地 1 552 万元，场地、办公楼、仓库等其他投资 2 019 万，合计已投资 3 571 万元。由永康市经济开发区管委会下属国有企业永康鑫茂物流有限公司投资建设，鑫茂物流为永康国内物流和国际物流的投资建设主体。该公司成立于 2015 年 8 月，由国际物流与浙江宏伟供应链股份有限公司、天河集团有限公司共同出资设立，宁波港集团持股 30%，主要以国际国内货运代理、内陆无水港提还箱代理等业务为主

根据中国（宁波）跨境电子商务综合试验区网站。

二、宁波港无水港建设存在的不足

（一）各方参与力度不够

一是投资参与力度不够。无水港建设所需设施对资本有巨额需求，因此最好是多方鼓励社会资本参与投资，尤其是直接利益相关单位，如港口、船公司、政府和民营资本等，甚至可以引导国际资本参与投资。而就目前宁波无水港建设现状来看，以国有资本为主，其他投资方较少，这就需要政府积极引导，大力动员。二是运营管理参与度不够。无水港建设是一项需要当地政府、一关三检等行政监管部门、港口当局、货主、船公司、金融保险等商业部门通力合作的系统工程。各方积极参与，通力合作，通过电子商务平台与内陆无水港进行资源整合，依托全国通关一体化政策、便捷高效的交通网络、现代信息手段，建立拥有海港功能的内陆区域性物流中心，才能确保无水港的良性运营。但目前有些地方政府部门及有关企业存在短视现象，消极对待无水港建设，信息资源整合迟缓，限制了无水港发展，进而使得内陆经济腹地的拓展行动受阻。因此，各方应深化沟通合作，着眼长远，积极共建无水港，最终实现共赢。

（二）缺乏顶层设计，导致无序竞争

目前，我国沿海各大港口无水港建设因缺乏顶层设计、统筹规划而显得混乱无序。如大连、天津、青岛、广州等都在积极拓展中西部纵深腹地，这些港口一方面在自己的直接经济腹地建设无水港，另一方面还拓展间接经济腹地建设无水港。这难免造成

经济腹地重叠和无水港的重复建设，导致资源消耗和恶性竞争。而一些地方着眼本地利益，也选择多个出海口，这极易导致内陆地区的货物被吸引到周边城市的无水港，再发往其他远距离的主枢纽港，造成低效运营以及港口之间争抢货源、相互压价，最终导致市场混乱。

三、宁波－舟山港建设无水港的思路与对策

（一）进一步向中西部纵深拓展经济腹地

从目前来看，宁波－舟山港在省外的无水港仅有江西的鹰潭、上饶两处，而要获取更多货源，就必须向中西部纵深地区拓展经济腹地。近年来，一方面，我国制造业出现梯度转移，中西部地区货源逐渐增长；另一方面，我国长江航道整治工程取得重要进展，这将极大提升长江航道水路运输的竞争力；加之中西部地区陆上运输交通线路不断开通，为宁波－舟山港向中西部纵深拓展经济腹地提供了基础设施保障。此外，海关总署于2017年开始实施全国通关一体化，在制度上也扫清了障碍。因此，宁波－舟山港应抓住机遇，积极融入国家“长江经济带”重大战略，充分发挥江海铁联运优势，在中西部重要节点城市或区域性物流中心如武汉、重庆、西安等地积极布点，以拓展更广阔的经济腹地，获取更多的稳定的货源。

（二）大力发展海铁联运，优化运输方式

在各种现代运输方式中，铁路运输在速度、经济、安全、节能环保等方面大大优越于汽车运输，是港口向内陆拓展经济腹地的极为有效的手段。所以发展海铁联运是现代港口物流发

展的必然选择。宁波－舟山港在稳定浙江省货源的基础上，若想进一步提高集装箱吞吐量，就要借助海铁联运有效吸引内陆省份适箱货。建议宁波－舟山港应积极发展与无水港之间的海铁联运，开通“五定班列”，这样有利于货主、货代提前做好海运和内陆运输的衔接，提高港口物流效率及服务能力，对于物流的稳定性来说，其作用也至关重要。

在加强“无水港”建设基础上，宁波－舟山港自2008年开始在全国港口率先推行集装箱“双重”运输，这一运输方式尽可能避免集装箱空箱运输，通过与船公司的协调，提前对进口重箱目的地流向、出口用箱以及不同的船公司箱型进行匹配，做到重箱运入内地，再重箱运回港口，这样的运输方式可谓经济、环保。获得的经济收益可以让利给货主，增强了揽货的竞争力。今后，随着无水港向纵深经济腹地拓展，应积极推动车队、码头、货主、货代等方面的紧密协同，大力推行这一运输方式。

（三）建设高效的无水港信息服务支撑系统

大力推动传统物流企业应用现代信息技术进行流程改造和业务整合，构建完善物流信息基础设施以及物流营运信息化支撑体系；同时要进一步加强电子口岸、大通关协作平台的信息互联互通建设，尤其是要建设多式联运信息系统，并尽快完善各项信息交互及应用服务功能，实现宁波－舟山港和腹地无水港电子口岸信息系统的对接，使得港口与内陆双方得以信息共享和互联互通，以此实现提高无水港营运效率和降低社会物流成本的目标。

第五节　浙江省港口参与国际港口联盟建设问题研究

浙江省位于“21 世纪海上丝绸之路”和“长江经济带”的交会区，随着世界经济中心的迁移，其紧邻亚太国际主航道的区位优势越发彰显。在历史的梳理中我们可以发现，无论是古代、近代还是现代，浙江都得风气开放之先。尤其是宁波－舟山港成为浙江省乃至全国对外经贸合作的重要支点和节点。截至 2017 年，其货物吞吐量连续 6 年居世界第一。宁波－舟山港已和 200 多个国家和地区建立了贸易投资关系，其中对“一带一路”沿线国家贸易额、累计投资额分别占全国的 2.5% 和 3.6% ，已与 45 个“一带一路”沿线城市缔结友好城市关系。宁波－舟山港已实现从普通港口向世界重要港口升级的华丽转身，正向国际强港迈进。为此，在背靠国内广阔的内陆经济腹地的同时，还要拓展海向辐射扇面。在 21 世纪海上丝绸之路的背景下，首先要对国际港口联盟的沿线候选港口进行筛选，本节就浙江省港口参与国际港口联盟建设问题进行实证分析。

一、21 世纪海上丝绸之路沿线港口选择

（一）确定候选港口

根据 21 世纪海上丝绸之路的途径区域，本书拟确定以下港口为候选港口。

（1）胡志明市：越南最大港口、工业中心；

（2）曼谷：泰国最大港口，泰国首都；

（3）新加坡：亚太地区最大的转运港，位于太平洋和印度洋航运要道；

（4）巴生港：位于马六甲海峡的东北部，马来西亚最大港口；

（5）雅加达：印度尼西亚最大的集装箱港；

（6）科伦坡：斯里兰卡最大城市和商业中心，欧亚、太平洋和印度洋航线的重要中途港；

（7）孟买：印度最大海港、商业中心；

（8）卡拉奇：巴基斯坦第一大港口，印度河流域主要港口；

（9）阿巴斯：扼波斯湾出口，伊朗南部主要港口；

（10）达曼：位于波斯湾西侧，是沙特阿拉伯东部最大港口；

（11）亚历山大：埃及最重要的港口，位于地中海沿岸；

（12）蒙巴萨：肯尼亚最大港口，也是非洲东岸最大的港口；

（13）德班：南非最大集装箱港，非洲最现代化的深水港之一；

（14）比雷埃夫斯：希腊首都雅典的外港，地中海沿岸重要港口；

（15）热那亚：意大利最大港口和重要工业中心。

（二）指标的选取

1. 指标的选取

X1 港口城市经济背景

X1 -1 港口城市所在国总人口

X1 -2 港口城市人口

X1 -3 港口城市所在国国内生产总值（GDP）

X1 -4 港口城市所在国工业产值

X1 -5 港口城市所在国商品销售总额

X1 -6 港口城市所在国外商直接投资

X2 港口城市外贸背景

X2－1 港口城市所在国对外贸易总额

X2－2 港口城市所在国与中国贸易总额

X3 港口城市集疏运

X3－1 港口城市所在国公路密度

X3－2 港口城市所在国铁路密度

X4 港口城市吞吐量

X4－1 港口集装箱吞吐量

X4－2 港口集装箱吞吐量增长率

2. 效度检验

在指标的选取过程中，需要对所选指标进行效度检验，经检验，上述全部指标的开塞－梅耶－欧巴金（KMO）值[1]只有0.5，表示效度很差，故考虑剔除相关性不太高的3个变量：港口城市所在国人口、港口城市人口和港口城市所在国GDP，剩余9个变量的KMO值大于0.7，适合作分析，这样，采集的数据见表3－3。

效度检验见表3－4。

表3－4　KMO和Bartlett's球形检验

KMO检验		0.723
Bartlett's球形测试	卡方检验值	127.483
	自由度	36
	显著性水平	0.000

（三）分析过程

解释的总方差见表3－5。

1　开塞－梅耶－欧巴金（Kaiser－Meyer－Olkin，KMO）检验统计量是用于比较变量间简单相关系数和偏相关系数的指标。

表 3-3　21 世纪海上丝绸之路沿线港口相关数据

序号	港口	所在国	工业产值（亿美元）	商品销售总额（亿美元）	外商直接投资（亿美元）	对外贸易总额（亿美元）	与中国贸易总额（亿美元）	公路密度（千米/千米^2）	铁路密度（千米/千米^2）	集装箱吞吐量（万标准箱）	集装箱吞吐量增长率（%）
1	胡志明市	越南	634.7	1 474	118	3 277.5	959.66	0.607 9	0.007 9	639	15.3
2	曼谷	泰国	1 110.69	2 659	108.45	4 530.79	725.94	0.1	0.008 64	153.61	1.8
3	新加坡	新加坡	1 463.5	19 443	652.62	6 523.77	795.65	4.860 24	0.254 48	3 386.9	5.1
4	巴生港	马来西亚	885.35	1 675.9	111.21	3 511.38	591.4	0.618 18	0.005 45	1 094.58	5.8
5	雅加达	印度尼西亚	3 844.34	5 010	155.08	3 285.5	542.3	0.178 53	0.003 39	650.43	-1.3
6	科伦坡	斯里兰卡	206.72	537	6.81	295.94	40.42	1.5	0.025	490.79	14
7	孟买	印度	3 032.68	10 000	442.08	7 583	716	1.644 3	0.022 14	445	6.9
8	卡拉奇	巴基斯坦	544.85	2 504.7	8.65	698.65	189.27	0.32	0.009 79	172	10
9	阿巴斯	伊朗	1 488.38	2 540	20.5	838.6	338.4	0.048 36	0.006 29	184.25	4.5
10	达曼	沙特阿拉伯	4 500	4 397	81.41	3 783	516.6	0.085 78	0.000 26	174.75	5.3
11	亚历山大	埃及	538.42	434.94	68.85	909	95.19	0.063 9	0.009 74	167.8	11.3
12	蒙巴萨	肯尼亚	95.73	84.8	14.37	219.9	60.16	0.28	0.047 46	107.6	6.3
13	德班	南非	583.83	2 111.11	17.72	1 690.47	460	0.629 36	0.027 97	266.63	1.3
14	比雷埃夫斯	希腊	290.34	1 696.66	-2.89	994.11	45.32	0.890 44	0.019 48	358.52	13.3
15	热那亚	意大利	5 718.39	19 165.7	202.79	9 227.58	480.4	1.028 76	0.055 42	217.29	9.3

数据主要来自中华人民共和国商务部网站对外投资合作国别（地区）指南。

表 3-5　解释的总方差

因子序号	第一主成分特征值			未经旋转提取因子的载荷平方和			旋转提取因子的载荷平方和		
	总计	方差解释率	累计解释率	总计	方差解释率	累计解释率	总计	方差解释率	累计解释率
1	5.065	56.278	56.278	5.065	56.278	56.278	4.195	46.616	46.616
2	1.934	21.491	77.769	1.934	21.491	77.769	2.804	31.153	77.769
3	0.948	10.528	88.297						
4	0.680	7.560	95.857						
5	0.155	1.718	97.575						
6	0.115	1.277	98.852						
7	0.048	0.529	99.381						
8	0.038	0.424	99.805						
9	0.018	0.195	100.000						

提取方法：主成分分析。

表3－5显示有2个主成分，累计方差为77.769%，结果还不错。

旋转成分矩阵见表3－6。

表3－6 旋转成分矩阵

	因子	
	1	2
港口城市所在国工业产值（亿美元）	－0.070	0.902
港口城市所在国商品销售总额（亿美元）	0.668	0.637
港口城市所在国对外贸易总额（亿美元）	0.409	0.851
港口城市所在国与中国贸易总额（亿美元）	0.343	0.633
港口城市所在国外商直接投资（亿美元）	0.834	0.465
港口集装箱吞吐量（万标准箱）	0.943	0.038
港口集装箱吞吐量增长率（%）	0.054	－0.490
港口城市所在国公路密度（千米/千米^2）	0.980	0.041
港口城市所在国铁路密度（千米/千米^2）	0.954	0.040

提取方法：主成分分析；旋转方法：方差最大化正交旋转；旋转在3次迭代中收敛。

由表3－6可见，第一主成分在港口城市所在国商品销售总额、外商直接投资、集装箱吞吐量、公路密度、铁路密度等指标上有较大载荷，分别是0.668、0.834、0.934、0.980、0.954，尤其在集装箱吞吐量、公路密度、铁路密度这三个指标上都超过了0.9，这些指标主要反映港口货物集疏运能力；第二主成分在港口城市所在国工业产值、对外贸易总额、与中国的贸易总额等指标上有较大载荷，尤其在工业产值这一指标上超过0.9，这反映的是港口所在国家的经济基础。

主成分得分计算及综合排名见表3－7和表3－8。

表 3－7 得分矩阵

	因子	
	1	2
港口城市所在国工业产值（亿美元）	－0.149	0.396
港口城市所在国商品销售总额（亿美元）	0.100	0.177
港口城市所在国对外贸易总额（亿美元）	－0.005	0.306
港口城市所在国与中国贸易总额（亿美元）	0.008	0.222
港口城市所在国外商直接投资（亿美元）	0.172	0.080
港口集装箱吞吐量（万标准箱）	0.265	－0.119
港口集装箱吞吐量增长率（%）	0.085	－0.217
港口城市所在国公路密度（千米/千米^2）	0.275	－0.123
港口城市所在国铁路密度（千米/千米^2）	0.267	－0.120

提取方法：主成分分析；旋转方法：方差最大化正交旋转。

表 3－8 各港口主成分得分及综合排名

港口	所在国	得分 Y	排名
新加坡	新加坡	2.515 986 114	1
孟买	印度	0.589 850 163	2
热那亚	意大利	0.529 531 044	3
巴生港	马来西亚	－0.038 973 246	4
胡志明市	越南	－0.041 427 298	5
雅加达	印度尼西亚	－0.107 331 147	6
曼谷	泰国	－0.207 066 85	7
达曼	沙特阿拉伯	－0.278 556 371	8
德班	南非	－0.289 963 863	9
科伦坡	斯里兰卡	－0.305 474 351	10
比雷埃夫斯	希腊	－0.391 821 837	11
阿巴斯	伊朗	－0.478 811 512	12
卡拉奇	巴基斯坦	－0.481 997 45	13
蒙巴萨	肯尼亚	－0.490 407 93	14
亚历山大	埃及	－0.523 549 94	15

表 3－7 为得分矩阵，即：

因子 1 = －0. 149 × 工业产值 +0. 1 × 商品销售总额 －0. 005 × 对外贸易总额 +0. 008 × 与中国贸易总额 +0. 172 × 外商直接投资 + 0. 265 × 集装箱吞吐量 +0. 85 × 集装箱吞吐量增长率 +0. 275 × 公路密度 +0. 267 × 铁路密度

因子 2 =0. 396 × 工业产值 +0. 177 × 商品销售总额 +0. 306 × 对外贸易总额 +0. 222 × 与中国贸易总额 +0. 08 × 外商直接投资 － 0. 119 × 集装箱吞吐量 －0. 217 × 集装箱吞吐量增长率 －0. 123 × 公路密度 －0. 12 × 铁路密度

总得分 *Y* = 5. 065/（5. 065 +1. 934） × 因子 1 +1. 934/（5. 065 + 1. 934） × 因子 2（注：5. 065 和 1. 934 是表 3－5 中的总计值。）

这样，各港口主成分得分及综合排名见表 3－8。

（四）结果评述

从表 3－8 可知：排名第 1 ~3 位的港口为新加坡、孟买和热那亚，这 3 个港口背靠发达国家或经济体量大的国家，港口集疏运能力、经济基础都属上佳；排名第 4 ~10 位的港口依次是巴生港、胡志明市、雅加达、曼谷、达曼、德班、科伦坡，这 7 个港口所在国家近年来经济发展迅速，港口集疏运能力较好；排名第 11 ~15 位的港口依次是比雷埃夫斯、阿巴斯、卡拉奇、蒙巴萨、亚历山大，这 5 个港口所在国中，希腊原为发达国家，近年来遭遇主权债务危机，经济发展处于低谷，埃及原本经济基础也较好，但由于 2011 年以来的动乱，经济受到严重冲击，其余国家或经济基础较为薄弱，如肯尼亚、巴基斯坦，或工业门类严重不齐全，如伊朗。

二、浙江地区港口经济服务“一带一路”建设面临的挑战

（一）码头联通的机遇和挑战

就世界范围来说，集装箱码头的投资建设及经营是竞争性的，因而浙江省港航企业在境外投资港口就要面对国际集装箱运营商的竞争，就竞争实力来看，浙江的龙头企业——宁波港集团完善的全球化服务筑就了品牌优势。码头、物流、航运金融等上下游产业链形成了较为完整的港口产业体系，也在全球范围内形成了较强的竞争力。当然，能否成功实现海外扩张，还取决于其他多种因素。就21世纪海上丝绸之路沿线国家现实情况来看，近期内对港口投资建设需求较为强烈的是东南亚、南亚等地，宁波港集团的资本实力、技术优势以及管理水平与上述地区的需求是匹配的，到这些地区投资建设经营港口，能够助力当地经济社会发展，实现互利共赢。就国内来看，浙江乃至长三角地区制造业面临着转型升级，在低端产业面向新兴市场国家寻求产能合作的大背景下，港口行业境外投资跟随产业梯度转移的步伐、助力东南亚、南亚等新兴经济体崛起的趋势，应该能抢抓先机，大有可为。西亚地区经济发展速度也较快，对港口投资建设的需求也将保持增长，但这一地区资金充足，外商投资受到种种限制，近期主要以工程项目合作为主。其中，伊朗、伊拉克近期摆脱政治动荡，重返国际市场，对港口建设以及国际资本、技术、管理需求较大，可以作为港口企业“走出去”的重点目标市场。中东欧

方面，仅波兰等少数经济体发展较快，存在着集装箱码头投资建设的潜在需求，但是由于这一地区和最主要贸易伙伴——西欧国家的水（内河）陆国际交通运输网络发达，海运的竞争优势相对较小；巴尔干半岛虽然距离西欧较近，从自然条件看具有发展成为欧洲门户港的潜力，但是巴尔干半岛国家大部分未加入欧盟，后方腹地的集疏运系统也相对不发达，这两个地区短期内港口建设的发展空间有待进一步观察。

专业化散货码头包括专业化油气码头和专业化干散货码头。鉴于专用性特征，在建设规模、选址布局、安全环保监管、生产调度等方面专用性极强，与特定产业关系也较为密切，因而这一类港口的投资建设运营需要对接、融入相关产业链。其中，石油、液化天然气是最重要的海运货物，2016 年，我国从西亚地区进口油气约占总数的 60%，其中有相当一部分是供给长三角地区的。油气出口港因而成为油气开发项目的必备基础设施，绝大多数在油气资源国国有企业的掌控之下，并且油气出口港与油气项目高度关联，很少作为独立运营主体。因此，浙江省港口投资运营企业在西亚油气专业化港口投资合作机会不大，但工程建设企业在油气码头工程建设方面还有市场机遇。专业化干散货码头主要货种是矿产品，专用性比专业化油气码头稍弱。专业化干散货码头与特定矿产资源项目可以实现适度分离，但作为面向特定区域矿产开发的配套港口，其专用性也较高。不过，由于我国矿产资源开发类的企业已在境外获取了大量的矿产资源，正在进入开发运营阶段，而宁波港在干散货码头建设运营方面具有优势，与资源开发企业存在着一定的合作空间。

（二）港口合作缺乏统一规划

2013 年“一带一路”倡议提出之后，上海加快了国际航运中心建设的速度，宁波规划建设宁波“港口经济圈”，作为全球名列前茅的两大港口，空间距离很近，再加上北方距离不算太远的连云港，作为徐淮经济圈重要组成部分，要建设新亚欧大陆东方桥头堡。长三角内部城市争当桥头堡的苗头初现。从根本上来说，行政区划形成的各自为政的状态依然存在，缺乏由国家层面牵头进行的与“一带一路”倡议相适应的全国港口发展的顶层设计、战略规划和功能布局，也没有针对各个区域经济特色港口的区位优势、发展需求布局的“一带一路”港口合作体系。在自身发展过程中就有重复建设，大而全、小而全的情况，未能实现错位发展，因而在对外投资建设中也很难形成合力，进行境外港口投资经营合作。在“走出去”的过程中，浙江省港口需要在长三角经济协调的有关框架下，与长三角临近港口形成协同和错位，避免内部竞争。

（三）港口合作政治基础薄弱

从政治角度来看，21 世纪海上丝绸之路沿线地区是大国政治博弈的重点地区。虽然 21 世纪海上丝绸之路倡议得到了沿线国家的积极响应，但港口合作不是国家之间的贸易、人员往来那样浅层次的交流，作为重大基础设施投资，容易成为国民舆论的敏感话题，需国家之间建立牢固的政治互信基础。而我国与 21 世纪海上丝绸之路沿线国家的政治互信的基础依然很薄弱。首先，我国与部分周边国家（也是 21 世纪海上丝绸之路沿线部分国家）存在领土主权争端，建立政治互信自然不易，港口合作也难以进行；其次，我国的崛起引致某些西方发达国家和区域性大国的担忧和抵制，“树大招风”导致的国际压力不断加大，也对沿线港口合作形成严重阻碍；第三，沿线国家内部政局不稳（战争、政权更迭等）也不利于港口合作，因为政权更迭，政策持续性很差，合作关系有可能遭到破坏，斯里兰卡的科伦坡港口城建设项目的多次中断就是典型的例子。

（四）港口合作软环境建设滞后

由于21世纪海上丝绸之路沿线国家港口建设、运营水平参差不齐，港口之间统一的信息平台、物流综合服务体系、人才、法律法规、金融等软环境建设滞后。信息共享方面，由于沿线地区港口间的信息共享不足，并且由于运营管理长期形成的惯性作用，即使是同一业务的操作流程在不同国家的港口也存在着差异，导致在21世纪海上丝绸之路沿线建立区域统一的信息平台有较大难度；法律法规方面，沿线区域目前还没有统一的航运法律法规，这就在很大程度上不利于处理沿线国家港口间的航运相关事务；金融合作方面，虽然亚洲基础设施投资银行的成立为沿线基础设施建设提供了资金保障，但是目前沿线区域尚未构建有效的区域金融合作体系，限制了沿线区域港口之间的业务运营管理；在海洋安全方面，我国亚丁湾护航等举措为海洋航行安全做出了重要贡献，也与部分沿线国家就联合安保达成了一些共识，但是政策支持、资金投入的力度都还不够。

三、浙江港口参与21世纪海上丝绸之路建设、构建国际港口联盟的思路研究

（一）整合现有合作机制，充分释放合作潜力

就港口合作的特点来看，双边或多边的港口合作项目往往比较重要，有助于巩固双边或多边政治互信及经贸关系，且相对经贸合作来说，港口合作先行将更有助于经贸合作，再者，港口合作也更贴近操作层面；就浙江地区来看，宁波－舟山港作为排名世界第一的国际大港，“走出去”开展国际港口合作优势明显。在21世纪海上丝绸之路倡议提出之前，我国与沿线国家已经建立的合作机制包括中国－东盟自由贸易区、亚太经济合作组织、大湄公河次区域经济合作等，港口合作机制包括中国－东盟海事磋商机制、中国－东盟港口合作高官会、中国－东盟港口协调机制等。当前，21世纪海上丝绸之路倡议作为我国对外经贸的优先发展方向，应以此为基本框架，整合之前已有的合作机制，利用宁波市定期举办的国际港口城市联盟论坛等方式推进浙江省港口群、长三角港口群沿线国家港口的合作，从而建立浙江省港口群乃至城市群与沿线国家更加密切的经贸关系。

（二）循序渐进，构建21世纪海上丝绸之路港口合作新模式

国际港口合作先例较少，因此，其探索过程宜采用循序渐进的方式。并且由于21世纪海上丝绸之路沿线港口众多，在经济发展水平、地理位置、通航能力以及发展潜力等方面参差不齐，因而港口合作机制的建立不是一蹴而就的，需要循序渐进，灵活务实。建议采用先双边，再多边，再到次区域，最后全区域的渐

进模式，逐步提升港口合作的层次和水平。采取投资建港、投资控股、参股、互为友好港等灵活多样的合作模式，逐步拓展对21世纪海上丝绸之路沿线国家的覆盖面，最终形成健全、成熟、对21世纪海上丝绸之路沿线国家全覆盖的港口合作机制。

（三）加强港口基础设施建设，规范运营管理

对于港口通航条件差、基础设施建设落后的港口，要利用浙江省港口建设技术、资金优势，帮助完善集疏运体系、航道开发与维护、物流园区建设、港口扩建等工程，改善港口通航条件；对于港口运营管理不规范、技术落后的，要积极参与其日常经营管理活动，帮助建立统一的中心调度指挥控制系统，统筹港口运输分工。建议有条件的港口之间统一港口工程项目标准，形成固定的航线和航班，并由共建的公共运输船队进行运营，在加强港口之间联系的同时保证运输功能的高效实现，提升区域贸易效率。建议在港口合作的框架下，沿线港口共同合作，通过沿线区域各港口信息端口的开放与对接，实现沿线区域内港口跨地域、跨部口的互联互通及数据交换和共享。建议沿线港口共同出资建设海事安全监控信息系统，实现对沿线海域安全的实时监控，对海域天气、航道状态、自然灾害信息等实时播报，为船舶航行安全提供信息平台支撑。同时要加强海上搜救力量建设，成立应急救援中心，配置先进的航海、航空救援工具，一旦海事安全监控信息系统发现有船舶遇险或遇难时，及时通知救援机构和应急搜救中心就近派出救援力量进行救援。

（四）重视推进城市、园区建设，形成“港产城”联动模式

发达的港口经济、和谐的港产城关系是港口城市增强综合竞争力的必要因素。

在推动沿线区域港口基础设施联动的同时，还要重视港口背后的产业园区和城市的建设，港口的联动发展可以为构建区域经济一体化铺平道路，国际国内的成功案例证实，建设开放的自由贸易园区可以倒逼港口功能、服务能力不断提升。而且，拓展腹地城市经济也能为港口发展提供更广阔的空间。在21世纪海上丝绸之路沿线地区，自由贸易园区乃至港口城市的建设和发展目前都处于起步阶段，尚未和港口形成良性互动。我国作为21世纪海上丝绸之路的发起国，在这方面要承担起崛起中的大国责任。因此，浙江省港口应积极主动对沿线区域港口、园区和城市的建设给予帮助，充分发挥自身人才、技术、资金、经验等优势，对沿线国家提供援助，让其享受我国快速发展的溢出效应，提高区域整体经济实力。

第六节　浙江港航产业现状及其服务21世纪海上丝绸之路建设的思路与对策

21世纪海上丝绸之路倡议为浙江港航物流服务产业发展拓展了新空间，近年来，浙江水运通过长江黄金水道，用江海铁联运的方式，开辟了通向欧洲、东南亚的新通道；浙江企业投资建设境外经贸合作区和物流园区，也推动形成了投资、贸易融合发展的格局。

从发展趋势来看，在对内开放方面，长江经济带战略的实施将促使长江流域综合立体交通运输网络发生深刻变化，上海国际航运中心以及长江沿线九省二市的交通运输将进行整体规划建设；对外开放方面，随着全省海洋港口“四个全球一流”、开放合作国际化等持续发展，中国（浙江）自由贸易试验区、义甬舟开放大通道、宁波港口经济圈、舟山江海联运服务中心等建设快速推进，都将使浙江港航物流产业的发展面临重大机遇和挑战。

尤其值得关注的是，作为从国际大港向国际强港转型升级的主要“标配”——航运交易所的建设和发展方面，上海航运交易所的服务功能不断完善和提升，广州、厦门、南京、重庆等航运交易所的纷纷建立和发展，新加坡交易所并购波罗的海航运交易所，都对宁波航运交易所形成了巨大的竞争压力。尽快做大做强宁波航运交易所，提升“海丝指数”的资源配置功能，事关浙江港航强省战略以及海洋经济发展的进程与质量，更关系到我国

“一带一路”倡议实施的进程与质量以及我国的海洋强国战略，其意义十分重大。

一、浙江航运产业发展现状

从基础设施情况来看，浙江港航资源具有得天独厚的优越性。其突出的区位优势和资源优势是：位于长江与沿海航道的“T”型交汇点，深水岸线资源丰富、疏港内河航道长度居全国前列。浙江海岸线（含大陆及岛屿）总长6696千米，排名全国第一，其中有条件建设10万吨级以上泊位的岸线长150千米以上，可建30万吨级以上超大型泊位的深水长度约20千米，航线四通八达，有近5000千米的习惯航道，等级最高的人工航道可候潮通行30万吨级船舶。浙江港口集装箱航线有200多条，通过其中的120多条远洋航线，连接全世界100多个国家和地区的600多个港口。

从产业发展情况来看，浙江港航服务业的发展有着雄厚的基础。经过多年的发展，浙江万吨级以上岸线长度、从事海运业务企业数量、海运辅助性业务企业数量、集装箱航线、远洋干线航线、月均航班、海运船舶运力等指标均占全国30%左右，而万吨级以上干散货船舶运力则占全国一半，浙江港航产业在全国的地位可见一斑。此外，浙江有15个以大宗商品合同交易业务为特色的大宗商品交易平台，构建了一个较为完整的大宗商品交易体系。

在船舶工业方面，近年来，浙江舟山市修船业获得的订单量占全国一半左右。已经形成了包含船舶设计、制造、维修以及船用配套件制造等在内完整的产业链，正朝着全国乃至全球的船舶修造业重要基地的目标发展，同时积极向海洋石油钻井平台和海洋工程船舶业等高端领域拓展业务。

二、浙江港航业发展存在的问题

作为港航强省，浙江拥有完整的港航产业链。但就现状来说，浙江航运业仍然以规模扩张和传统航运为主要发展模式，大而不强的粗放型增长特征明显。有以下主要表现。

（一）岸线资源利用率不高，港口综合效益低

因为先期开发过程中缺乏顶层设计和统筹规划，存在着各自为政、港口功能布局大而全或小而全等现象，导致部分码头布局散乱、不成规模，岸线资源控制主体分散，彼此同质化、无序化竞争在所难免，且港口建设经营稳定性难以控制，其结果是港口岸线资源的公共性质不能充分释放，出现不能公平、有效地为腹地经济发展服务等诸多问题。专用码头方面，企业投资建设也有较大的随意性，布局严重分散。诸多问题致使港口功能不能协调配套，甚至导致资源浪费。此外，集疏运体系，水、电等公共设施建设也难以配套或重复建设，使得港口综合效益和资源利用率不高。

（二）港航基础服务产业国际化程度低，高端服务业能级低

如上所述，浙江有优越的深水岸线优势和雄厚的港航产业优势，但由于临近上海，上海国际航运中心建设的虹吸效应导致浙江港航领域各类资源流失较为严重，包括货源、人才、技术、资金等。从目前来看，浙江港口发展与上海港还有一定的差距，尤

其在高端服务业领域，与国际化对接则差距更明显；从事处于港航产业链的中低端的服务业，如船代货代、理货、报关等企业规模较小，服务水平较低；高端服务业方面，以海事法律服务为例，到目前为止，只有宁波海事法院一家专业的海事法院在管辖浙江省所属的港口和水域，包括所辖岛屿、所属港口和通海的内河水域内的海事纠纷。该法院在温州、舟山仅设立了海事派出法庭代为管理海事事务。另外，作为浙江主要港口的舟山市却没有专业的海事律师事务所，也没有专业的海事律师。可见浙江港航高端服务业能级偏低。

浙江港航高端服务业能级偏低的一个重要原因是港航高级人才供应严重不足。浙江涉海类高校包括浙江海洋大学、浙江大学海洋学院等，虽以培养高级航海人才为目的，但尚在起步阶段，要发展高端港航服务业，还需要更多专业型、复合型、技术型人才。

（三）航运金融有待进一步拓展，保险服务有待进一步完善

在航运金融方面，港航产业作为资本密集型产业，其发展过程需要巨额资金支撑。目前宁波市政府已出台政策，对航运企业购置船舶有流动资金补贴和项目贷款分配资金等优惠措施，舟山的港航企业融资业务则较为传统，以一般的企业贷款、仓单质押贷款为主。杭州拥有全球首家综合类大宗商品（跨境）电子商务服务平台，旨在打造集电子商务、全球竞价采购、在线融资、供应链金融、物联网、云仓储、大数据配套服务等于一体的“无缝交易服务平台”，但尚未涵盖整个浙江，且对于港航业来说针对性和专业性不强。航运保险方面，浙江虽说航运险种较多，但险

种之间互相独立，不构成体系，且都靠质押保险，操作流程复杂，成本较高，信用程度不高，线上业务不多。

（四）宁波航运交易所的发展缓慢，资源配置能力亟待提升

宁波－舟山港要实现国际大港向国际强港的转变，就要打造最强“中枢”，高效配置港航资源。纵观世界各地的国际航运中心，均有一流的航运交易所（以下简称“航交所”）作为配置港航资源的核心中枢。因此，对宁波－舟山港来说，积极推动宁波航交所的建设和发展，有效提升其资源配置能力是值得各级政府重视的关键着力点。但是从目前来看，宁波航交所管理体制尚未理顺。本来具有公共产品性质的宁波航交所在宁波被划属国有企业性质，这使其在信息共享、业务创新等涉及港航行政资源配置方面存在先天不足，其发布信息的公信力也不足。另一方面，其虽属国有企业性质，但由于盈利能力不足，省海港集团对其并入的积极性不高，宁波市政府则鉴于其未来不属自身管辖范围，各方面支持力度也不足。这些均导致宁波航交所发展缓慢，主要表现为“海上丝绸之路”指数市场影响力弱，内涵不够丰富等。而这与国内国际其他地方的航交所的纷纷涌现、快速发展形成鲜明反差，也与宁波－舟山港目前在港口行业的地位不匹配，与其向国际强港转变的需求不协调。

三、浙江港航服务产业转型升级的路径

浙江港航服务产业要实现转型升级，就要以港口为依托，以航运公司作为“点”，作为可以燎原的“星星之火”，把航线作为“线”，把整个航运市场作为“面”，构建以线串点，以线结网的

网状布局，进而推动浙江港航服务的转型升级。港航业具有独特的流动性，不能以单纯静态的“摊大饼”理念促其发展，只有用“点—线—面”的发展理念，浙江才能构建一个主次分明、重点突出的港航服务网络，实现港航服务业的转型升级。

（一）制定自由港政策，加大招商引资力度

我国对外开放进入新时期，十九大报告明确指出未来要探索建立自由贸易港。作为世界第一大港的宁波－舟山港，应营造充分自由便利的营商环境，为港航业及国际经贸、投资营造一个充分自由、开放的市场空间，从而激发市场活力，为此，建议对标自由贸易港的有关政策制度，减少口岸通关程序，加快港口配套设施体系、集疏运体系的建设，放宽船舶注册、挂靠条件，大力吸引各地商人前来投资，积极争取设立自由贸易港。

（二）打造高端生产性服务业，增加船舶修造业附加值

舟山的船舶修造业正朝着全国乃至全球重要的修造船基地的目标发展，其水产品、大宗散货加工也有雄厚基础，为宁波－舟山港的港航产业链提供了很好的配套产业，应利用这一契机，大力推动相关的生产性服务业发展。建议依托舟山船舶修造的良好基础，积极植入船舶设计等高端港航服务业，逐步完善港航服务产业体系；还可以依托利用现有的海洋制造业基础，积极发展海洋相关产业的研发技术，努力占领海洋科技制高点；物流园区建设要科学选址，打造快捷方便的“门到门”一体化物流服务，提高港城之间货物运输的综合服务水平；尝试引导船舶修造业逐步向海洋工程船舶、海洋石油钻井平台等高端领域拓展制造能力，持续提升船舶修造业的科技含量和附加值；积极拓展水产品加工

和大宗散货装卸货源，构建货种丰富的港航集散地。

（三）优化信息服务体系布局，提高浙江航运信息化发展

在港航服务业充分利用移动互联网、大数据、物联网、云计算、人工智能等新一代信息技术，尽快构建功能齐全有序、操作便利快捷的港航智能服务网，增强港航领域需求双方的信息获得和利用的能力，降低港航交易成本。增强港口对各类港航资源的吸引力。

积极构建港航物流信息交换平台，实现涉港政府业务系统集成、港航企业系统集成以及大宗商品交易集成，构建面向政府、企业、社会公众的港航物流信息服务体系；加强各类部门、企业的信息共享，健全港航智能服务系统，完善安全保障体系，建设涵盖各种运输方式的综合服务信息平台，实现各种运输方式的信息共享；推进船代货代、理货、报关等中低端服务业的信息化发展。

（四）优化经营管理，提升浙江海运业国际竞争力

浙江港航业面临着省内外资海运企业和国际海运市场的竞争压力，积极壮大自身实力，是提高竞争力的关键。在扩大规模方面，浙江中小海运企业一直为融资难的问题所困扰，进而经营规模难以扩大，单一业务模式难以改变，多元化发展难以实现。针对这一问题，政府有关部门应大力促进银行与海运及辅助服务企业合作，解决融资难的问题，并积极引导企业扩大利用贷款经营规模，双方可以合作设立海运企业信用担保机构，这样既能促进海运企业诚信经营，也能降低银行金融风险。在提高经营管理和服务水平方面，应首先着眼从优化运力结构、控制运营成本入

手，努力改变业务单一的现状和以煤炭、原油、铁矿石运输为主的局面，实现多元化经营乃至产业链的前向和后向整合，扩大港航企业及船代货代、报关报检等辅助服务业企业的经营规模，不断提高浙江港航企业的国际竞争力。

（五）推进公共服务信息平台体系建设，提升宁波航交所资源配置功能

以浙江港航基础设施建设为依托，积极推动高端航运服务业发展。逐步建设代表新兴产业发展方向的公共服务信息平台，包括航运总部经济中心、航运综合服务中心、航运物流交易中心和航运人才交流中心等，构建航运服务产业链，实现浙江港航业可持续发展。当前，尤其是要重视宁波航交所的建设和发展。有关部门要从战略高度重视宁波航交所的发展，尽快理顺管理体制，给予资金资源上的大力支持。鼓励宁波航交所加强与新加坡、伦敦等航交所合作，有效提升“海丝指数”影响力；加强进口干散货、进口集装箱、进口原油等航运指数研发，积极与中国铁路总公司合作研发海铁联运指数，与重庆航交所合作研发江海联运指数，提高“海丝指数”丰满度；增强航运资源交易与定价功能。争取国家相关部委、港口城市支持，力争“物贸汇”上升为国家级在线集装箱仓位交易市场，为国内外班轮公司提供订仓配置、交易与结算服务；争取“海丝指数”衍生品研发试点，提高“海丝指数”价格生成、发现功能与国际影响力；争取干散货、原油船舶动力合同研发与上市交易试点，提升宁波－舟山港全球最大海港地位。

第七节　浙江省港口参与建设国际港口联盟的“港产城”联动研究

如前文所述，我们在实施21世纪海上丝绸之路倡议过程中，在重视港口基础设施以及国际港口联盟建设的同时，要让这一倡议的实施惠及沿线区域民众，让他们有获得感。当前，我国改革开放的经验已成为沿线各国纷纷仿效的样板，在港口这样的对外开放的窗口设置经济特区，发展港口经济，进而引进外资，发展城市经济，最终以点带面，以港口城市为增长极，辐射带动一片区域，这样的经济发展模式在我国，乃至一些沿线国家和地区已取得了成功。因此，需要重视国际港口联盟建设中的“港产城”联动问题。

近年来，面对全球经济疲软、国际市场需求持续低迷的环境，在国家政策鼓励下，“一带一路”沿线国家成为我国境外园区建设的重要区域。截至2016年年底，我国在20个“一带一路”沿线国家的56个已建和在建境外经贸合作区，已吸引1082家企业入驻，累计投资185.5亿美元，总产值达到506.9亿美元，在我国所有合作区中所占的比重分别为72.72%（合作区数量）、71.09%（入驻企业数量）、76.68%（累计投资额）和72.13%（总产值）。其中，已有20家合作区通过商务部确认考核，这些园区主要集中在吉尔吉斯斯坦、乌兹别克斯坦、俄罗斯、巴基斯坦和匈牙利等“丝绸之路经济带”沿线国家以及柬埔寨、泰国、越南和老挝等“21世纪海上丝绸之路”沿线国家。

一、浙江省在21世纪海上丝绸之路沿线国家投资现状

改革开放40年来，浙江积累了雄厚的产业输出能力，随着“一带一路”建设的持续推进，浙江地区对外投资优势也逐步凸显，2015年浙江对外直接投资创下51.09亿美元的历史新高。在我国境外园区建设热潮中，浙江地区的企业也是重要组成部分。据不完全统计，目前浙江地区在21世纪海上丝绸之路沿线国家的投资项目具体见表3－9。

表3－9 浙江地区在21世纪海上丝绸之路沿线国家投资项目一览

序号	重大项目	所在国	中方投资商	涉及行业
1	泰中罗勇园区	泰国	华立集团	汽配、机械、家电
2	越南龙江工业园三期项目	越南	前江投资管理有限责任公司	纺织轻工、机械电子、建材化工
3	塞尔维亚贝尔麦克商贸物流园	塞尔维亚	温州外贸工业品有限公司	物流、仓储
4	尼日利亚宁波工业园区	尼日利亚	宁波中策动力机电集团	轻工、家电、纺织、建材及机械制造
5	中国越美（尼日利亚）纺织工业园	尼日利亚	越美集团	棉纺、织造、印染、服装
6	澳大利亚天马畜牧产业园	澳大利亚	浙江天马轴承股份有限公司	畜牧（肉牛养殖）
7	金帅澳大利亚宁波贸易中心	澳大利亚	宁波金帅集团有限公司	贸易、展示
8	涌优澳大利亚宁波牧业园区	澳大利亚	宁波牛奶集团	畜牧业

续表

序号	重大项目	所在国	中方投资商	涉及行业
9	恒厚澳大利亚宁波矿业园区	澳大利亚	恒厚集团	采矿业
10	巨石集团埃及分公司	埃及	巨石集团	玻纤产品
11	百隆东方越南宁波园中园	越南	百隆东方股份有限公司	色纺纱
12	宁波狮丹努集团年产3万吨高档面料生产基地项目	越南	宁波狮丹努集团	面料、服装
13	浙江天时贝宁宁波贸易中心	贝宁	浙江天时国际经济技术合作有限公司	贸易、展示
14	海世坦桑尼亚宁波农业园区	坦桑尼亚	宁波海世食品有限公司	农副产品
15	永利巴布亚新几内亚宁波林业园区	巴布亚新几内亚	宁波永利远东贸易公司	林业
16	宁电巴布亚新几内亚宁波林业园区	巴布亚新几内亚	宁波宁电进出口有限公司	林业
17	海之星远洋宁波渔业项目		宁波海之星远洋渔业有限公司	远洋渔业
18	欧亚远洋宁波渔业项目		宁波欧亚远洋渔业有限公司	远洋渔业
19	中金墨西哥宁波矿业园区	墨西哥	宁波中金石化有限公司	采矿业
20	东方日升投资墨西哥光伏电站项目	墨西哥	东方日升新能源股份有限公司	光伏产业
21	宁波港龙物流在罗马尼亚投资绿色有机农畜产业链开发项目	罗马尼亚	宁波港龙物流投资有限公司	有机农产品

从上述投资项目的所在区位来看，有不少是临近港口的，如泰中罗勇园区位于泰国东部海岸，靠近泰国曼谷和廉差邦深水港，越南龙江工业园三期项目位于胡志明市经济圈，塞尔维亚贝尔麦克商贸物流园位于贝尔格莱德港，尼日利亚宁波工业园区距拉各斯阿帕帕港约50千米，金帅澳大利亚宁波贸易中心位于墨尔本港，巨石集团埃及分公司位于苏伊士湾西北经济区，等等。

从表3－9可知，浙江地区工贸企业在21世纪海上丝绸之路沿线建立的境外园区主要集中在轻工业、能矿资源和农产品加工型领域。在这些经贸合作园区建设过程中，政府起到了很好的推动作用，有关政府牵头建设了两家国家级合作区（泰国泰中罗勇工业园、越南龙江工业园），以及两家省级合作区［越美（尼日利亚）纺织工业园、塞尔维亚商贸物流园］。此外，浙江企业在境外并购、建设生产基地的案例也有不少，如巨石集团在埃及的投资项目，已完成一期、二期建设，填补了非洲地区玻璃纤维制造业的空白，成为“一带一路”沿线中国境外投资项目的样板工程。

二、浙江企业境外投资面临的挑战和困境

总体来说，浙江企业境外投资由于处在“走出去”初期阶段，面临着不少挑战和困境：一是缺乏具有全球性、系统性的顶层设计和发展规划，有急功近利的现象，某些地方政府为了完成规划、计划的指标，盲目鼓励企业“走出去”；二是境外投资地位与浙江经济体量和地位不匹配，浙江作为我国经济发展水平最先进的地区之一，应成为我国对外直接投资的主力，但是浙江企

业的跨国化水平和品牌国际影响力却明显低于国际平均水平；三是由于目前缺乏“外保外贷”和“外保内贷”等服务，境外资产在国内获得贷款难，加上园区建设周期相对较长，先期投入较大，企业主要通过出租土地和厂房、物业、公共设施开发以及提供服务等方式盈利，大部分园区开发企业面临融资难的困境；四是浙江企业“走出去”的时间并不长，人才储备不足，加之语言和文化上的差异，融入本地性差。

从发展的角度来看，浙江省开放型经济发展初期，面临着资本和外汇“双缺口”的现实，多年来一直呈现出以引进外国资本、扩大对外出口为典型特征的单向国际化和浅度国际化，浙江地区境外投资地位与其经济体量和地位不匹配的局面就从一个侧面反映出单向国际化和浅度国际化所导致的不利结果。浙江的开放型经济已经实现了历史性跨越，当初的资本和外汇“双缺口”已转变为资本和外汇“双过剩”，目前，我国改革开放进入新时代，上海设立自贸区，使得紧邻上海的浙江成为我国新一轮改革开放的重点经济区域。而浙江地区国际直接投资领域的失衡局面不仅与其在新时期深入发展开放型经济不相适应，也会制约其开放型经济的长期可持续发展。

三、浙江企业到21世纪海上丝绸之路沿线国家投资发展思路研究

针对上述浙江对外直接投资中存在的问题，笔者认为应基于后危机时代世界经济格局深度调整、资本在全球范围内重组以及我国经济发展新常态、产业结构转型升级等国际国内新背景，加

强“走出去”统筹战略规划，实现以中国资本整合全球要素，与世界各国尤其是21世纪海上丝绸之路沿线国家合作共赢、互利互惠的新境界。

（一）着力提升中国企业在全球价值链中的主导能力

在全球经济格局深度调整、我国经济转型升级的国际国内背景下，浙江地区开放型经济面临由出口导向、外资推动为主向由投资引领、科技创新驱动转型。实际上就是开放型经济发展方式要从以引进来为主的“单向国际化”和以货物贸易为中心的“浅度国际化”转变为以引进来与“走出去”相结合的“双向国际化”和以投资为纽带的“深度国际化”，最终实现从全球产业链中充当被动角色，向主导、整合、配置角色的转换。要着眼于构建浙江地区在新一轮开放型经济发展中的新优势，从为商品出口服务的“顺贸易性”角色，向产业创新和生产力提升的引领者转变，进而主导构建全球价值链。应借助上海建设全球有影响力的科创中心、杭州建设国家跨境电商综合试验区的契机，迎接全球产业创新呼之欲出、产业资本调整重组的历史机遇，推动有能力的企业“走出去”，扩大境外产能兼并重组、资源收购和经营性股权收购，积极探索浙江地区产业资本、金融资本进行国际产能合作和全球资源直接投资的新方式，构建以对外直接投资引领商品和服务贸易、促进产业合作和科技创新的新格局，实现国际直接投资从粗放式的量的增加向境外生产力提升的转型，使之成为浙江地区乃至我国新一轮开放型经济发展的主要驱动力之一。

基于这一目标，需要在国内国际两个层面积极推动建立全方位的投资促进、服务和保护的体制框架。国内方面，可以借鉴、复制上海自贸试验区的经验，着眼于构建高效开放的对外投资管理体制，加快建设全国境外投资中心，进行境外投资相关制度的改革尝试。比如，在2014年中国对外投资审核制改备案制的基础上，争取进一步放宽境外投资备案权限，改革当前对境外投资多部门管理和多重监管不力体制，进一步放宽对外直接投资的进出资本的管制，出台有利于“走出去”的企业整合国内外投资点资源、有利于要素跨境流动的投资便利化政策，积极探索吸引境外研发创新资源回流的特殊财政税收体制、经济杠杆等。国际方面，要通过国家层面积极推动或主导双边、区域或多边各个层面投资自由化和保护协定及规则的制定，为企业境外直接投资经营排除外部体制障碍，寻求公平的乃至优惠的待遇和有利的投资准入、投资环境，更要加强我国境外国际直接投资与当地经济社会发展的融合。

（二）着力推动商贸国际循环和资本国际循环的良性互动

改革开放近40年来，由于资金、技术的匮乏，浙江地区主要依靠土地、劳动力等进行粗放式发展。而在新一轮开放型经济发展时期，浙江地区与世界经济的互动依存关系从原来的以商品、投资为纽带向产业链、创新链、金融、货币和跨国企业等更多对接渠道、更多联系纽带和更深度融合发展，在今后的开放型经济发展中，要充分发挥浙江地区资本充裕及企业家（尤其是民营企业家）的巨大潜力，提高贸易、投资和金融协同作战的有效性。

概而言之，浙江地区对外直接投资主体从一开始的贸易公司逐渐转为实体制造业，而金融行业的境外直接投资一直是短板。

尤其是国内利率市场化等金融改革正在进行，浙江地区商业银行过度依赖息差盈利的经营模式普遍存在，中资商业银行“走出去”进行境外投资的不多，在经营业务中，提供与境外直接投资有关的境外授信、贷款担保等融资业务的金融产品很少，国际化水平偏低，与本地区工贸企业境外直接投资的步伐有明显的差距，使得本地区企业在“走出去”寻求跨国发展的过程中无法获得母国金融机构的资金支持。反观发达国家企业跨境投资的经验，银企紧密合作一直是境外直接投资强国的共性特征。以日本为例，20世纪80年代，日本银行增加了境外机构，进而加强了日本境外网点金融支持功能，为日本企业境外投资提供了有力的金融支持。日本迅速崛起成为国际直接投资大国。1983年，日本跨国大企业的贷款总额中，从政府系统的金融机构借入的境外经营资金仅占6.2%，27.5%是来自日系跨国银行的贷款。1988年，日本跨国工商企业从东道国的日系银行分支机构借入的长期资金占其全部借入长期资金的三分之一。

为扭转当前浙江地区金融与非金融类对外直接投资发展不平衡的局面，要充分发挥浙江地区充裕的金融资本支持优质企业“走出去”进行跨国投资的功能，加快金融网点在21世纪海上丝绸之路沿线国家乃至全球布局，进一步强化境外直接投资中的银企联动，提升在投资东道国尤其是沿线国家对中资跨国企业的金融服务能力；另一方面要着力扭转政策性贷款主要面向国有企业境外直接投资，无法为民营中小企业提供服务的局面，为浙江地区对外直接投资企业提供量身打造多层次的金融服务体系，实现浙江地区商贸国际循环与资本国际循环的良性互动、有机共融。

（三）积极探索混合所有制国际直接投资新模式

近年来，浙江地区境外直接投资中，民营经济所占比重逐渐上升。新一轮国际投资规则谈判中的竞争中立原则规定禁止政府运用立法与财政权力使国有企业优于私营部门。而我国对国有企业的财政补贴、优惠融资安排、政府采购等特殊保护，都可能违背这一原则，有遭到制约或在投资东道国受到违反竞争中立原则审查的风险。因此，从提升浙江地区乃至全国对外直接投资的微观支撑能力出发，鼓励民营企业“走出去”，提升其在对外直接投资的比重是必然选择。

此外，对于国有企业来说，在新时代进行的新一轮国有企业改革应进行着眼长远，兼顾企业“走出去”过程中与国际规则接轨，可以考虑混合所有制“走出去”的模式。国企进行了混合所有制改革后，政府色彩将被淡化，可有效缓解国际上对国企“走出去”的政治、军事动机的担心和疑虑，减少企业“走出去”过程中的政治阻力。更重要的是，混合所有制不仅可以优化境外直接投资企业的法人治理结构，还能更加充分地调动浙江地区民营资本的雄厚实力，在增强企业对外直接投资的资本实力之外，也实现了不同资本主体的创新能力、知识技能、管理经验、市场约束等方面的共生共融，提升对外直接投资企业的市场化和国际化水平。混合所有制结构下，不同所有制主体优势互补、相互学习，还可以提高对外直接投资项目的效率。

（四）大力培育竞合共融、互利共赢的国际直接投资生态圈

一直以来，全球直接投资集中布局在美国、欧洲、日本等发达经济体，地理上这些发达经济体邻近的国家（地区）往往成为

承接国际直接投资资本的外围层。我国倡导的“一带一路”建设是突破传统国际直接投资集中于发达经济体的困局，为我国资本在新兴市场国家赢得主导权的有效途径。以“一带一路”作为国际合作框架，有利于促进长三角城市群优势制造业投资当地要素资源，实现国际产能资源合作。

此外，浙江地区由于一直以来注重发展劳动力密集型制造业，品牌、科技附加值不高。对外直接投资还应该有一个重要的目标，就是获取国际品牌和创新资源，这方面还需要推进多边和双边自由贸易区谈判，加强在发达经济体的直接对外投资，形成发达经济体自由贸易区和21世纪海上丝绸之路沿线并重的对外直接投资体系，拓宽浙江地区对外直接投资的全球化广度。可以依托中外双边自由贸易区、中国投资园，由领航企业带动相关产业集群，构建集群式对外直接投资联合体，推动形成“抱团出海”的态势。浙江地区的企业还可以和已经“走出去”的企业建立多方面的联系，获得“走出去”方面的协调、服务和支持。已建成的境外经贸合作园区还要积极探索同投资东道国本土相关产业以及相关资源的互动共融，构建浙江地区开放型经济境外延伸拓展的格局。

浙江地区要积极参与培育沿线国家的竞合共融、互惠共赢的国际直接投资生态圈。国内方面，要利用浙江地区国际友好型城市资源，构建“外交搭桥，金融支撑，行业唱戏”的对外直接投资各方协同的格局；境外方面，要与投资东道国当地政府、社会组织、上下游企业加强联系，以便获得当地智库和政府机构的游说及沟通帮助、中介组织的专业化知识帮助、上下游企业的协同帮助。为营造国际直接投资环境、强化境外沟通，可以通过政府采购的方式，调动国内国际各类专业服务机构为“走出去”企业提供法律、信息、商务、融资等相关服务。发挥浙江地区外企、外侨、境外留学生众多的优势，帮助“走出去”企业与投资当地的行业组织、贸易促进组织、商会等建立稳定的沟通联系，进一步发掘各城市外事部门的商务服务功能，向投资当地政府、新闻媒体和公众表达浙江地区对当地投资的互利共赢的态度。鼓励境外直接投资企业集聚区组建商（协）会，共同构筑良性的营商环境。

后　记

十年前，因为工作原因，我涉足海洋经济这一由冷渐热的领域，围绕浙江海洋经济发展作了一些课题研究。现今，有关“一带一路”建设的研究方兴未艾，我也基于前期海洋经济的研究而对“21 世纪海上丝绸之路”产生浓厚的研究兴趣。幸而课题申报得以立项，本书作为浙江省教育厅 2014 年度省高校重大人文社科项目攻关计划青年重点项目“21 世纪海上丝绸之路背景下浙江省港口参与国际港口联盟建设问题研究”的研究成果，也使我对海上丝绸之路的探索研究有了动力和明确的方向。

从国内外有关文献资料来看，“一带一路”“21 世纪海上丝绸之路”的研究还处于初期，我也在惴惴之余用“抛砖引玉”这个说辞来安慰自己。

稍感踏实的是，这本书作为课题研究成果，我是尽了最大努力的：历史资料、现状数据的搜集，都使出了浑身解数。尤其是国外港口相关资料、数据，虽说搜集难度大，但也做到能满足课题研究的需要。在此基础上，认真研究相关理论，踏踏实实地作实证分析，终于能出书了。虽有不安，但还是心有窃喜。

感谢我所在的单位——嘉兴职业技术学院，为我提供了涉足这一领域的机遇和相应的研究平台——海洋经济研究所；学院领导、外语与贸易分院院长陆金英、书记王家庆、副院长陆金仙等对本人及海洋经济研究所关怀有加；贸易教研室韩旭副教授、王艳副教授、刘永泉副教授、刘勇副教授、朱岩副教授等也多方支持这一领域的研究和拙作的出版。

感谢这几年和我合作的伙伴、朋友。包括杭州海关、嘉兴海关有关领导，嘉兴市统计局钱亚畅副局长、市滨海办公室钱永忠副主任、嘉兴综合保税区综合管理局马惠芳局长等，作为“浙江通”“嘉兴通”“港务通”，他们对本人及海洋经济研究团队的研究多次提出建议，在我们的研究过程中，尽力满足我们所需；感谢浙江大学肖文教授，嘉兴学院仇恒喜教授、顾骅珊教授等都曾参与相关课题的研究或提出指导意见。

还要感谢我的家人，我爱人周芬为我创造了一个很好的家庭环境，能让我静下心来进行写作。

书稿即将出版，我最期待的，是读者的批评指正。

杨建国

2018 年 6 月于嘉兴